理财投资课堂
职场理财小白告别月光族

曾 增◎编著

中国铁道出版社有限公司
CHINA RAILWAY PUBLISHING HOUSE CO., LTD.

内 容 简 介

这是一本针对职场理财小白的投资理财工具书,书中采用了理论知识与案例相结合的方式,从基础知识、实用技巧和方法策略等方面进行理论+实操的说明,帮助读者快速理解并掌握相关投资理财技巧。

全书内容共9章,具体包括资产管理、银行储蓄理财、零钱理财、信用卡理财、债券理财、股票理财、基金理财、保险理财及移动手机理财等。

对于具有投资想法的职场新人,或者是工作几年有一定积蓄想要通过理财使资金增值的上班族,以及有志理财的青年人,都可以从书中得到启发,找到适合自己的理财方式,实现财富的增值。

图书在版编目（CIP）数据

理财投资课堂：职场理财小白告别月光族 / 曾增编著. —北京：中国铁道出版社有限公司，2021.6
ISBN 978-7-113-27585-3

Ⅰ.①理… Ⅱ.①曾… Ⅲ.①投资-基本知识 Ⅳ.①F830.59

中国版本图书馆CIP数据核字（2021）第059315号

书　　名：理财投资课堂：职场理财小白告别月光族
　　　　　LICAI TOUZI KETANG：ZHICHANG LICAI XIAOBAI GAOBIE YUEGUANGZU
作　　者：曾　增

责任编辑：张亚慧　　编辑部电话：(010)51873035　　邮箱：lampard@vip.163.com
编辑助理：张　明
封面设计：宿　萌
责任校对：孙　玫
责任印制：赵星辰

出版发行：中国铁道出版社有限公司（100054，北京市西城区右安门西街8号）
印　　刷：北京铭成印刷有限公司
版　　次：2021年6月第1版　2021年6月第1次印刷
开　　本：700 mm×1 000 mm　1/16　印张：15.5　字数：207千
书　　号：ISBN 978-7-113-27585-3
定　　价：59.00元

版权所有　侵权必究

凡购买铁道版图书,如有印制质量问题,请与本社读者服务部联系调换。电话：(010)51873174
打击盗版举报电话：(010)63549461

张爱玲曾说"出名要趁早"。其实,理财也是这个道理,早点儿具备理财意识,想办法积累财富,并使得财富得到增值,可以最大程度保障并提升我们的物质生活水平,抵御外界难以预估的风险。

但是有人会说:"我只是一个初入职场、月薪微薄的月光小白,怎么能理财呢?"实际上,我们不难发现成为月光族有两类原因:一是确实因为入职时间短,经验和能力处于起步阶段,薪酬水平较低;二是这类职场人士比较年轻,没有房贷、车贷、婚姻、孩子及老人的压力,更多的是以及时行乐这种错误的心态去消费和面对生活,所以这类月光族普遍没有理财的计划和打算。

我们要知道,月光族并非无财可理,只要有理财的决心也可以通过理财,达到积累财富和增值财富的目的。理财,简单来说围绕两个方面,即"开源"和"节流"。"节流"意味着自身要做好消费预算,合理控制支出;"开源"意味着还要想办法寻找更多的收入来源,例如股票投资、基金投资及银行存款等。

围绕这两个方面进行规划,理财小白也能安排好自身财务结构,并在做好资金管理和控制的基础上,进一步了解各种各样的投资理财途径和方法。

全书内容共9章，可大致划分为以下四部分：

- ◆ 第一部分为第1章，这部分从"节流"的角度入手，在正式介绍理财投资之前帮助投资者理清自己真实的财务状况，包括资金去向管理和支出控制，再根据职场人士的薪酬特点制订适合的理财计划。
- ◆ 第二部分为第2~3章，这部分介绍的是比较基础和简单的理财方法，包括银行储蓄和零钱理财，帮助投资者养成理财的意识。
- ◆ 第三部分为第4~8章，这部分介绍的是相对进阶的理财方式，包括信用卡理财、债券理财、股票理财、基金理财和保险理财，不同的理财方式具有不同的特点和风险，对应不同的收益率。
- ◆ 第四部分为第9章，这部分介绍的是当下比较流行的移动手机理财方式，包括一些当前比较主流的理财App，例如支付宝、微信理财通、度小满金融、京东金融和苏宁金融等。

本书从实用的角度出发，系统地介绍并展示了各类理财工具，书中结合大量的案例、图示和表格，在丰富知识内容的同时也能更好地帮助读者理解，降低阅读的枯燥感，使读者阅读起来更轻松有趣。

最后，希望所有读者都能从本书中得到启发，找到真正适合自己的理财工具，实现个人财富的积累和增值。

编　者

2021年3月

第1章 月光不等于0，月光族并非无财可理

1.1 月月赚却月月光，"钱"去了哪里 ……………………2

1.1.1 "及时行乐"助长了"月光"风气 ………………… 2
1.1.2 学会断舍离，不迷恋无用之物 ………………… 3
1.1.3 编制财务表单掌握真实的财务状况 ……………… 5

1.2 捂紧钱袋子，控制支出就是理财 ………………11

1.2.1 到手工资提前规划 ……………………………… 11
1.2.2 掌握省钱窍门，不做冤大头 …………………… 12
1.2.3 斤斤计较，细究每一笔资金去向 ……………… 16

1.3 遵循工资特性，循序渐进做理财 ………………18

1.3.1 初入职场，微薄薪资基础理财 ………………… 18
1.3.2 收入稳定，稳中求胜获收益 …………………… 20
1.3.3 高薪人士，大胆追求高收益 …………………… 21

第2章 银行储蓄，小白都知道的理财方法

2.1 从根本上改变对储蓄的误解 ······24
2.1.1 误解一：收入－支出＝储蓄 ······24
2.1.2 误解二：储蓄属于普通人思维 ······25

2.2 银行是储蓄的不二选择 ······26
2.2.1 了解丰富的银行储蓄类型 ······27
2.2.2 核算存款利息，争取收益最大化 ······31
2.2.3 积沙成塔，零存整取也能积累财富 ······35

2.3 让存款有利可图的锦囊妙计 ······36
2.3.1 定期存款，利率上涨怎么做 ······37
2.3.2 自动转存，避免利息损失 ······38
2.3.3 转账有妙招，减少不必要手续费 ······39

第3章 零钱理财，蚂蚁再小也是肉

3.1 简单易上手的微信"零钱通" ······42
3.1.1 微信零钱与"零钱通"的区别 ······42
3.1.2 微信"零钱通"是否零风险 ······44
3.1.3 微信"零钱通"的开通和使用 ······46
3.1.4 不想使用时随时可关闭 ······48

3.2 理财神器余额宝的零钱理财法 ······49

3.2.1 余额宝：余额自动转入得收益 ·················· 50

3.2.2 蚂蚁星愿：为"星愿"攒钱 ·················· 52

3.2.3 笔笔攒：消费式攒钱 ·················· 55

3.2.4 工资理财：发工资日就存钱 ·················· 58

3.2.5 闲钱多赚：稳放获益 ·················· 61

第4章 信用卡理财，做卡的主人而非卡奴

4.1 使用之前先全方位认识 ·················· 64

4.1.1 信用卡的功能大全 ·················· 64

4.1.2 如何选择适合自己的信用卡类型 ·················· 65

4.1.3 信用卡还款是重中之重 ·················· 69

4.2 积分换"礼物"，不拿白不拿 ·················· 70

4.2.1 信用卡积分有什么用 ·················· 71

4.2.2 信用卡的积分计算法 ·················· 73

4.2.3 快速提高信用卡积分的妙招 ·················· 75

4.3 理财，挖掘信用卡的最大价值 ·················· 76

4.3.1 借助信用卡免息期，让钱生钱 ·················· 77

4.3.2 信用卡贷款，解决短期资金问题 ·················· 78

4.3.3 活用附加权益，提高生活质量 ·················· 80

4.4 信用卡额度并非越高越好 ·················· 81

- 4.4.1 根据自己的经济实力办理额度适中的信用卡 …………… 82
- 4.4.2 信用卡的永久提额与临时提额 …………………… 83
- 4.4.3 快速提升信用卡额度的技巧 …………………… 85

4.5 信用卡自由分期付款 ……………………………………86
- 4.5.1 信用卡分期付款的利弊分析 …………………… 86
- 4.5.2 信用卡分期付款的方式 …………………… 87
- 4.5.3 你恐怕对信用卡分期存在误解 …………………… 89

第5章 债券理财，安全性更高更适合小白

5.1 债券投资之前充分认识 ……………………………………92
- 5.1.1 债券的基础知识掌握 …………………… 92
- 5.1.2 债券的品种介绍 …………………… 93
- 5.1.3 债券的收益率计算法 …………………… 95

5.2 债券投资交易的方法 ……………………………………98
- 5.2.1 债券投资的基本流程 …………………… 98
- 5.2.2 债券网上轻松购 …………………… 101

5.3 债券的策略性投资技巧 ……………………………………105
- 5.3.1 投资之前选择好适合的债券品种 …………………… 105
- 5.3.2 债券的保守投资法与积极投资法 …………………… 106
- 5.3.3 投资具有债性和股性的可转换债券 108

第 6 章 股票理财，薪水低也可以博高收益

6.1 掌握股票知识，股票投资不盲目 ……………………………… 114
6.1.1 股票类型一清二楚 ………………………………………… 114
6.1.2 股票收益算法牢记于心 …………………………………… 116
6.1.3 股票买卖交易过程 ………………………………………… 117
6.1.4 股市投资必会的专业术语 ………………………………… 118

6.2 炒股软件的了解与应用 ………………………………………… 120
6.2.1 热门的炒股软件有哪些 …………………………………… 120
6.2.2 通过炒股软件查看个股详情 ……………………………… 122
6.2.3 添加各类技术指标辅助分析 ……………………………… 124

6.3 通过走势变化做技术分析 ……………………………………… 127
6.3.1 单根 K 线的意义 …………………………………………… 127
6.3.2 认识特殊的 K 线组合 ……………………………………… 130
6.3.3 股价运行趋势下的 K 线形态 ……………………………… 133
6.3.4 见识移动平均线的魅力 …………………………………… 140
6.3.5 透过成交量研判股市涨跌 ………………………………… 143

第 7 章 基金理财，投资专家专业管理

7.1 小白基金投资第一课 …………………………………………… 148
7.1.1 基金投资是怎么回事儿 …………………………………… 148

7.1.2 基金的种类有哪些 ····· 150
7.1.3 基金的认购和申购 ····· 151
7.1.4 基金的赎回情况 ····· 153

7.2 选择一只有潜力的基金 ····· 154

7.2.1 基金评级——根据机构评分选择 ····· 154
7.2.2 基金经理——根据过往业绩选择 ····· 157
7.2.3 基金业绩——多角度比较业绩情况 ····· 158

7.3 基金购买渠道快速掌握 ····· 160

7.3.1 基金公司直接购买 ····· 160
7.3.2 第三方平台购买 ····· 162
7.3.3 特殊的封闭式基金的申购方法 ····· 164

7.4 根据基金特性来做投资 ····· 167

7.4.1 激进投资者适合的股票型基金 ····· 167
7.4.2 稳健型投资者适合的债券和货币基金 ····· 174
7.4.3 保本基金在保本的前提下追求收益 ····· 178
7.4.4 追踪指数坐享收益的指数基金 ····· 179

第8章 保险理财，具备危机意识防患于未然

8.1 "保障"与"理财"双管齐下 ····· 182

8.1.1 认识投资型保险的保障与增值功能 ····· 182

- 8.1.2 一份保险的组成要素 ········· 183
- 8.1.3 保险的种类介绍 ············ 184
- 8.1.4 保险的投保与理赔 ·········· 186

8.2 职场小白怎样为自己选择保险 ········ 188
- 8.2.1 社会保险——基础性保险 ········ 188
- 8.2.2 分红险——坐享分红收益 ········ 191
- 8.2.3 万能险——获得固定收益率 ······· 193
- 8.2.4 投连险——风险自担的保险类型 ··· 195

8.3 慎重购买才能更保险 ············ 197
- 8.3.1 了解多种保险购买方式 ········ 197
- 8.3.2 投保也要货比三家 ·········· 200
- 8.3.3 购买之前的理赔事项要清楚 ····· 205

8.4 了解买险套路，避免被忽悠 ········ 207
- 8.4.1 小心保险销售的推销语言 ······· 207
- 8.4.2 仔细阅读保险合同，理解合同内容 ·· 208

第 9 章 移动手机，随时随地轻松理财

9.1 支付宝不只是用于支付，更是理财好途径 ······ 212
- 9.1.1 除了余额宝，支付宝你还知道些什么 ····· 212
- 9.1.2 目标投，想赚多少自己定 ········ 217

9.1.3 指数红绿灯，找准买卖好时机 ·················· 219

9.2 依附微信而生的理财通 ················221

9.2.1 腾讯官方理财平台理财通 ·················· 221

9.2.2 理财通中的稳健理财和进阶理财产品 ·················· 222

9.2.3 理财通"余额+"便捷好用 ·················· 225

9.3 其他热门的手机理财软件 ················227

9.3.1 百度打造度小满理财 ·················· 227

9.3.2 京东旗下京东金融 ·················· 229

9.3.3 理财一站式服务平台——苏宁金融 ·················· 232

第 1 章

月光不等于0，月光族并非无财可理

很多年轻人并非不愿意理财，而是月无所余让他们疲于生活，困于理财。实际上，查看他们的收入，可以发现他们的收入并不低，但不正确的消费观念和消费方式严重影响了他们的财富积累。

1.1
月月赚却月月光,"钱"去了哪里

相信很多人都有这样的疑惑,明明自己每月都认真工作了,工资也不低,但工资却总是月月赚、月月光,而且还不知道去了哪里。想要投资理财,首先就要拒绝"月光",理清钱的去向。

1.1.1 "及时行乐"助长了"月光"风气

月光族指每月赚的钱都用光、用尽的人。月光族们大部分并非收入水平低,相反,他们有知识、有头脑、有能力,"月光"体现了他们对物质生活的追求,也是他们赚钱的动力。月光族们信奉"人生苦短,及时行乐",而这种"及时行乐"的信条助长了他们的"月光"消费形式,使得他们工资一到手便立即开始高额消费,完全没有储蓄意识。

虽然适当消费、追求高品质的生活并没有错,但是凡事需要有度,过度消费或超前消费,可能会给自己带来极大的危害,一旦遇到突发事件就会让自己的生活陷入困顿中,此时如果没有储蓄资金,则难以度过危机。

具体来看,月光族"月光"的原因主要包括以下三点:

过度追求高品质的生活享受。"及时行乐"的思想认识,让他们活在当下,以"今朝有酒今朝醉"的方式进行消费。

心理上没有引起重视。他们从心理上完全没有意识到"月光"的危害性，也缺乏危机意识。

炫富型非理智消费。 随着朋友圈的出现，越来越多的人将朋友圈视为炫富的最佳场所，从而产生一些向他人炫耀和展示自己财力与社会地位的炫富行为。

总的来说，月光族"月光"的原因不仅是因为收入，更是因为消费观念和习惯。有的人是因为生活习惯，一直以来大手大脚花钱的毛病是其"月光"的根源；有的人是因为精神压力、工作负担过重，而过度消费则成为他们的一种解压行为；还有的人则是因为对奢侈品的过度崇拜而盲目消费。不懂得理财，不注意控制购物欲望而冲动购物，超前消费享受生活等都是"月光"的重要原因。

年轻人更需要建立科学消费观，增强风险意识，加强金融消费和网络安全知识的学习，提高资产管理水平，摒弃虚荣、攀比、盲从心理，科学安排好自己的金钱和生活。

1.1.2 学会断舍离，不迷恋无用之物

改变消费习惯的第一步，从学会断舍离开始，不再迷恋一些无用之物，让自己的生活变得轻盈起来，消费习惯自然也就更健康。

断舍离，实际上是对自我的三点要求：断，即让自己不买不需要的、无用的东西；舍，即舍弃一些没有用的东西；离，即放弃对物质的迷恋，让自己生活得更简单和轻松。

断舍离崇尚的是一种简单的生活方式，让我们更多地去考虑自己的感受，即什么样的东西是适合自己的，什么东西是自己需要且令人舒服的，而将一些不适合、不需要、没有用的东西舍弃，然后从根本上改变自己的

消费习惯。

简单来说，断舍离指的是只买适合的自己、自己需要的和实用的东西，在不影响生活品质的状况下花费尽量少的钱获取尽量多的愉悦感。具体做法有很多，下面介绍一些实用性强的小方法。

◆ 处理不需要的东西

断舍离的第一步是处理不需要的东西，以便我们的生活不被众多杂乱的事物影响。处理不需要的东西分为以下四步：

①超过半年不会使用到的东西直接处理。

②可处理或不可处理的，容易产生犹豫的东西需要及时处理。

③处理不必要的、大量囤积的东西。

④有回忆的东西，仔细考虑后筛选处理。

◆ 拒绝冲动消费

很多月光族的消费都存在冲动消费的现象，在商家的宣传下，他们总会产生一种不买就吃亏的错觉，一旦买了又开始后悔。为避免这类情况的发生，首先要学会拒绝激情宣传，尤其是一些意志力薄弱的人，对于商家的促销活动要多考虑。

另外，面对一些可买可不买的东西时，可以将其放入购物车，过一段时间再去看，就会发现自己的购买欲已经没有了，这些东西也不是非买不可的。

◆ 追求极简生活

追求极简生活指专注地过好自己的每一天，而不是每天被各类快递以及购物App所占据。在追求极简生活的过程中，你可以做一些有意义的事情来转移注意力，例如运动、看书、看剧等，从而戒掉对购物的依赖。

1.1.3 编制财务表单掌握真实的财务状况

投资者在投资之前需要对自己的财务状况有一个清晰的了解,即明白自己的财务状况,包括自己的收支情况和财富积累状况,从而判断可用于投资的资金额度。对个人理财来说也不例外。

厘清自己的财务状况最便捷、最直接的方式就是编制个人收支明细表和个人资产负债表。通过个人收支明细表可以了解自己日常的生活流水,知道钱的去向;而通过个人资产负债表可以了解自己当前的财务结构,掌握资产变动趋势,以便提前发现潜在的风险。

(1)编制个人收支明细表

个人收支明细表通常没有标准的格式,只要可以清楚、明确地说明各个项目,准确反映资金情况即可。但是编制时需要注意,收支明细表中有以下必须记载的项目:

- ◆ 收入:收入项目指资金的来源,根据资金来源的不同,可以进行具体设置。
- ◆ 开支:开支项目指资金的去向,根据支出的性质可以将其划分为必要开支和非必要开支。
- ◆ 结余:结余项目指收入减去开支之后的存余。

另外,因为每个人及每个家庭的实际情况不同,统一的模板难以满足所有人的需要,所以收支明细表最好根据自己的实际情况进行定制。可以直接在 Excel 中制作个人收支明细表。

下面通过具体的实例来进行说明。

案例实操

在 Excel 中编制个人收支明细表

打开 Excel 软件，创建一张空白表格。在表格内按照自己的实际情况输入收支项目，并为表格设置样式，如图 1-1 所示。

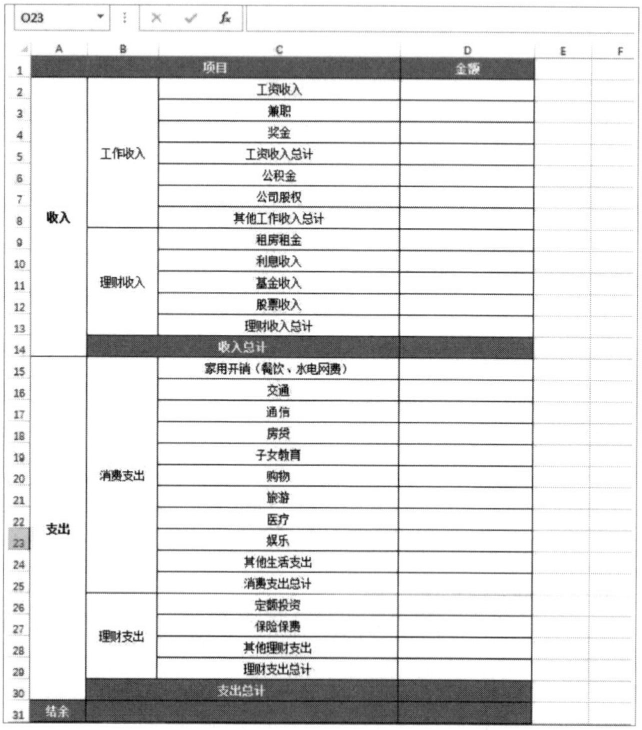

	项目		金额
收入	工作收入	工资收入	
		兼职	
		奖金	
		工资收入总计	
		公积金	
		公司股权	
		其他工作收入总计	
	理财收入	租房租金	
		利息收入	
		基金收入	
		股票收入	
		理财收入总计	
	收入总计		
支出	消费支出	家用开销（餐饮、水电网费）	
		交通	
		通信	
		房贷	
		子女教育	
		购物	
		旅游	
		医疗	
		娱乐	
		其他生活支出	
		消费支出总计	
	理财支出	定额投资	
		保险保费	
		其他理财支出	
		理财支出总计	
	支出总计		
结余			

图 1-1　输入项目并设置表格样式

在 D5 单元格输入公式“=SUM(D2:D4)”，在 D8 单元格输入公式“=SUM(D6:D7)”，在 D13 单元格输入公式“=SUM(D9:D12)”，在 D14 单元格输入公式“=SUM(D5,D8,D13)”，在 D25 单元格输入公式“=SUM(D15:D24)”，在 D29 单元格输入公式“=SUM(D26:D28)”，在 D30 单元格输入公式“=SUM(D25,D29)”，在 D31 单元格输入公式“=D14−D30”。然后，选择 D 列，在“开始”选项卡下单击“数字格式”

下拉按钮，在弹出的下拉菜单中选择"会计专用"选项，如图 1-2 所示。

图 1-2 输入公式并设置数字格式

最后在表格中输入相应的数据即可，效果如图 1-3 所示。

	项目	金额	
收入	工作收入	工资收入	¥ 8,000.00
		兼职	¥ 1,000.00
		奖金	¥ 2,000.00
		工资收入总计	¥ 11,000.00
		公积金	¥ 1,000.00
		公司股权	¥ 2,000.00
		其他工作收入总计	¥ 3,000.00
	理财收入	租房租金	¥ 3,000.00
		利息收入	¥ 300.00
		基金收入	¥ 2,000.00
		股票收入	¥ 3,000.00
		理财收入总计	¥ 8,300.00
	收入总计		¥ 22,300.00
支出	消费支出	家用开销（餐饮、水电网费）	¥ 4,000.00
		交通	¥ 1,000.00
		通信	¥ 200.00
		房贷	¥ 6,500.00
		子女教育	¥ 2,000.00
		购物	¥ 300.00
		旅游	¥ -
		医疗	¥ 100.00
		娱乐	¥ 500.00
		其他生活支出	¥ 600.00
		消费支出总计	¥ 15,200.00
	理财支出	定额投资	¥ 300.00
		保险保费	¥ 150.00
		其他理财支出	¥ 1,000.00
		理财支出总计	¥ 1,450.00
	支出总计		¥ 16,650.00
结余			¥ 5,650.00

图 1-3 最终效果

（2）编制个人资产负债表

我们知道，资产负债表包括了三个部分，即资产、负债和所有者权益，但在个人资产负债表中，我们只需要编制前两个项目即可。用资产减去负债就是个人的实际财富，也就是净资产。

在编制前，还要了解个人资产与负债的内容。

资产指的是个人拥有的物质财富，包括现金、存款、基金、股票、汽车和房产等。其中容易变现的资产为流动资产，例如现金、存款和货币基金等；不容易变现的为非流动资产，例如房产、车子等。

负债指的是个人债务，包括房贷、消费贷、车贷、信用卡欠款以及其他个人欠款等。其中近期需要偿还的债务为流动负债，例如信用卡欠款、消费贷等；远期待还的为非流动负债，例如公积金房贷。

在编制时要注意，在个人资产负债表中，资产放置在表格的左侧，负债放置在表格右上方，净资产放置在表格的右下方。

了解这些内容之后，我们就可以开始尝试制作自己的资产负债表了。如下例所示。

案例实操

编制个人资产负债表

打开 Excel 软件，创建一张空白表格。在表格中按照左侧资产，右上方负债，右下方净资产的位置进行编制，并在表格中输入自己的资产、负债项目，完成之后为表格设置表格字体样式，如图 1-4 所示。

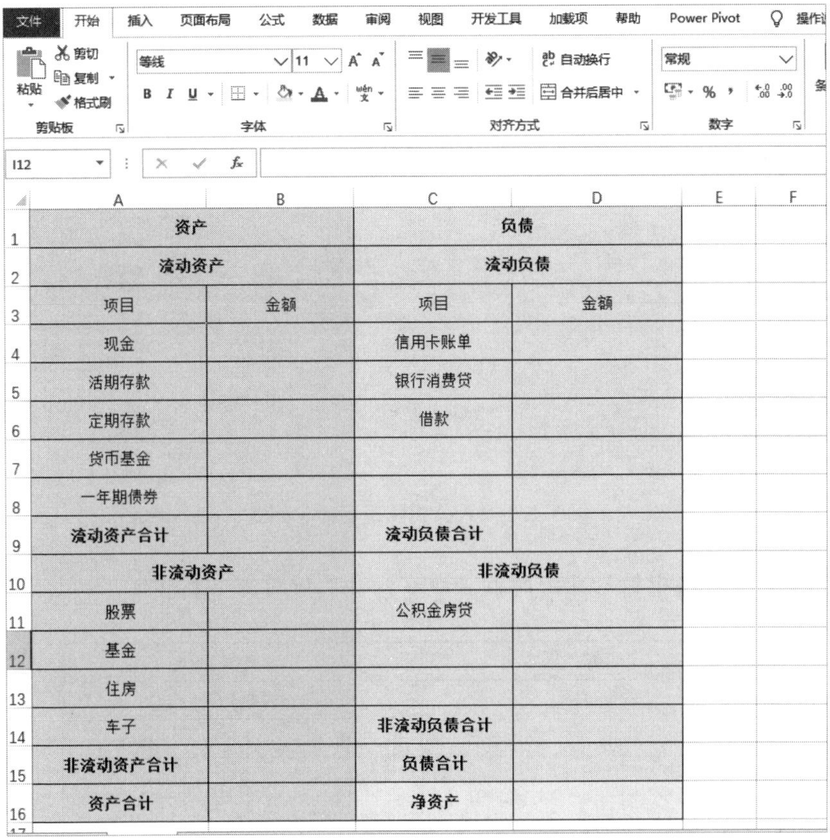

图1-4 输入项目并设置表格样式

在B9单元格输入公式"=SUM(B4:B8)"，在D9单元格输入公式"=SUM(D4:D8)"，在B15单元格输入公式"=SUM(B11:B14)"，在D14单元格输入公式"=SUM(D11:D13)"，在D15单元格输入公式"=SUM(D9,D14)"，在B16单元格输入公式"=SUM(B9,B15)"，在D16单元格输入公式"=B16-D15"。

然后，选择表格中所有的金额单元格，在"开始"选项卡下单击"数字格式"下拉按钮，在弹出的下拉菜单中选择"会计专用"选项，如图1-5所示。

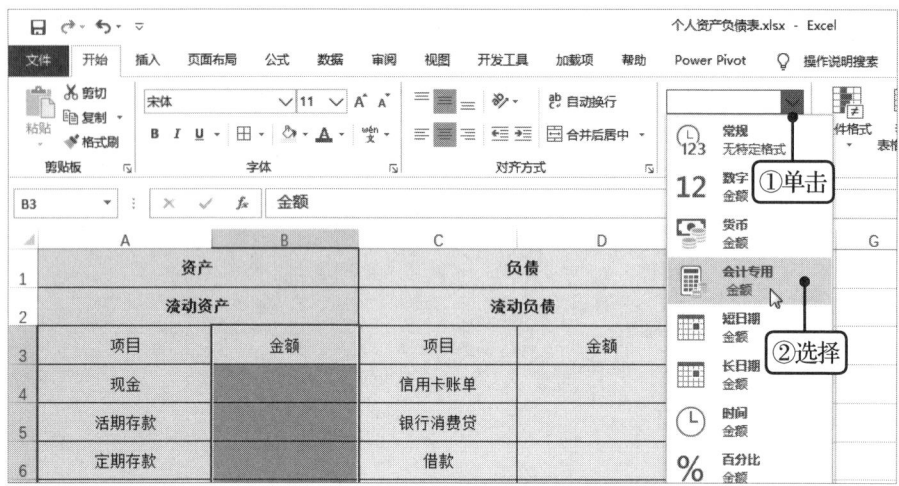

图 1-5　输入公式并设置数字格式

最后在表格中输入相应的数据即可，效果如图 1-6 所示。

资产		负债	
流动资产		流动负债	
项目	金额	项目	金额
现金	￥　　3,000.00	信用卡账单	￥　　8,000.00
活期存款	￥　 50,000.00	银行消费贷	￥　 20,000.00
定期存款	￥　100,000.00	借款	￥　 50,000.00
货币基金	￥　 10,000.00		
一年期债券	￥　 20,000.00		
流动资产合计	￥　183,000.00	流动负债合计	￥　 78,000.00
非流动资产		非流动负债	
股票	￥　 50,000.00	公积金房贷	￥　200,000.00
基金	￥　 20,000.00		
住房	￥ 2,800,000.00		
车子	￥　200,000.00	非流动负债合计	￥　200,000.00
非流动资产合计	￥ 3,070,000.00	负债合计	￥　278,000.00
资产合计	￥ 3,253,000.00	净资产	￥ 2,975,000.00

图 1-6　最终效果

1.2 捂紧钱袋子，控制支出就是理财

并非只有购买理财产品才是理财，实际上控制支出也是理财的一种方式，且是所有理财的基础。控制支出，即防止资产的无谓流失，做好消费预算，除去非必需的支出项，优化消费结构。

1.2.1 到手工资提前规划

对大部分人来说，主要收入还是工资，如果不对工资提前做好规划，很有可能让自己陷入入不敷出的境地。工资提前规划指在合理的范围内做好自己的开支计划。

工资可以分成四部分，即必需的硬性消费、社交娱乐消费、储蓄部分和投资部分，具体内容如下：

- **硬性消费**：硬性消费指生活中必需的消费项目，包括房租、水电、网费以及燃气费用等。硬性消费是必要开支，每月需要对其做详细记录。
- **社交娱乐消费**：社交娱乐消费指每月社交应酬及娱乐的消费项目。社交娱乐消费属于非必需项目，可以对其进行控制，将消费的额度控制在一定的范围内，避免超支。
- **储蓄部分**：储蓄部分即每月需要定期从工资中拿出做储蓄的那部分工资，在工资中预留储蓄部分可以帮助我们养成定期储蓄的习惯。
- **投资部分**：可以将工资中的结余部分用于投资，实现资产的增值。

对工资的划分有了清晰的认识之后，还要对各个部分的资产配置额

度做详细规划。此时可以参考4∶3∶2∶1原则，即将工资按照40%、30%、20%和10%的比例进行具体的分配。

①将40%的工资做稳健投资，追求高额的收益。

②将30%的工资作为生活费，用于当月的必需开支项目和社交娱乐项目。

③将20%的工资进行活期储蓄，以便应对生活中可能出现的突发事件。

④将10%的工资投资保险，保障自己的健康和预防意外。

当然，工资的项目配置不是固定的，个人可以根据自己的情况做灵活安排，制订出适合自己的资产配置方案。工资规划的目的实际上是对自我资产进行管理和控制，避免养成浪费和过度消费的习惯。因此，个人只要具备工资规划管理意识，然后结合自己的实际情况做安排即可。

需要注意的是，在工资收入的规划管理上要遵循以下几个原则：

①忌讳提前消费，应严格按照收入情况来做消费规划。

②具备忧患意识，准备好备用金，应对可能出现的危机和突发状况。

③具备投资意识，小钱也可以博取高收益。

④必需品无须考虑价格直接买，而可用可不用的物品，也不用考虑价格，直接不买。

1.2.2　掌握省钱窍门，不做冤大头

开源节流是理财的首要任务，这就要求我们不仅要会赚钱，更重要的是要学会省钱，拒绝做冤大头。同样的衣食住行，有的人每月入不敷出，有的人却月月有结余，这是为什么呢？

实际上，很多人由于不知道一些巧妙的省钱方法，以至于产生了一些不必要的开支项目。下面我们来介绍一些生活中的省钱小妙招。

（1）外出旅行，舒心又省钱

随着人们生活水平的逐步提高，旅游已经逐渐发展成为人们的一个必需项目，不仅可以增加阅历，还能开拓视野、增长见闻。但是旅行时，不管是住宿还是玩乐都需要花钱，怎么才能减少旅行中的一些不必要开支呢？可以从以下几个方面入手：

- 错开高峰期，淡季出行。
- 避开热门景区，选择冷门景点。
- 考虑"拼团"出游，更实惠。
- 提前网上预订酒店，货比三家更便宜。
- 假期不长，短途游。
- 切忌景区冲动购物。

（2）网购便捷，更省钱

电商兴起后，网购逐渐成为潮流，并且随着物流越来越便捷，网购有日渐取代线下实体销售的趋势。网购让人们购物的选择范围更广泛，且国内网购7天无理由退货的优势，也使更多人放心投身于网购大潮中。但是如何才能在网购中省钱呢？

- **团购**：大家一起拼着买更便宜。近年来许多平台都推出了团购，即团体购物，使认识或不认识的消费者组合起来一起购物，这样商家将给出低于单独购买的价格，使消费者享受到更优惠的价格。
- **包邮**：包邮即商家承担快递费，这样购买商品更划算。
- **直播领券**：越来越多的商家引入了直播销售模式，在直播间内消费者可以领取到优惠力度更大的优惠券，享受到更经济的价格。

- **节日促销**：网购也有各种各样的节日，在节假日网购的价格更便宜，例如双十一、618及圣诞节等，不同的节日优惠力度不同。如果消费者有大件的购物计划，例如家电，可以添加至购物车等待节日促销。
- **闲置转手**：很多人购物都是一时的冲动，买回来后不久就闲置了。对此，我们可以在二手平台上出售闲置品，一来可以止损，二来也可以处理一些不需要的东西。

（3）活用公积金，让小窝更暖

对于公积金，大家都不陌生，都知道购房时使用公积金贷款的利率会低很多，但是公积金除了贷款买房外的其他用途很多人却不清楚。其实，灵活使用公积金可以得到更多的实惠。

①用于购房。若想贷款买房，那么可以办理公积金贷款，公积金贷款利率低，可以为贷款用户节省不少贷款利息；若不办理贷款，那么可以一次性提取公积金用于支付房屋首付款。办理过商业贷款的购房者，可以按月提取公积金用于偿还贷款本息。

②用于建房、翻建或大修住房。公积金缴费人有建造自有住房或翻修、大修自有住房需求时，可以申请一次性提取住房公积金，用于支付建房、翻建、大修住房的费用。

③用于租房。部分城市的公积金也是可以用于租房的，每月租房支出如果超出了公积金缴费人家庭收入的一定比例，那么可以按月提取公积金用于支付住房租金。

④用于治疗重大疾病。公积金缴费人的家庭成员如果不幸患重大疾病，那么可以申请提取公积金用于支付医疗费用，减轻家庭负担。

⑤公积金缴费人如果有离休、退休或出国定居等情况，可以申请一次

性提取公积金。对于退休人员来说，一次性提取的公积金是一笔可观的养老金。

（4）装修也可以省钱

装修费用是一项大的费用支出，有的装修费用甚至远超购房费用。如果控制不好，装修费用超支不说，还难以取得好的装修效果。装修费也有省钱方法，具体如下：

①提前做好装修预算，对人工费用、材料费用以及家具费等做一个详细规划，严格按照规划执行，避免超支。

②选择装修淡季装修更划算。装修也有淡季和旺季之分，旺季通常在下半年，此时的人工费、材料费普遍增加，所以装修应尽量选择上半年。

③选择一个性价比高的装修公司。装修公司的价格策略水很深，很多时候同样的设计师、同样的材料，不同的装修公司报价却不同，所以如果找对了装修公司，一次就能节省数千元，甚至是上万元。

④一个靠谱的设计师可以节省很多不必要的开支。不靠谱的设计师，会漏项，会算错土方量，甚至出现设计方案根本不能实现的情况，不仅耗时费力，还浪费大量资金。相反，一个靠谱的设计师，不管是设计方案和搭配，还是材料选择，给的建议都能让你省心不少。

⑤装修材料也可以在网上买。现在网购已经很方便了，几乎所有的商品都能在网上购买，装修材料也是。网上购买选择空间更大，厂家直销，价格更便宜。

总的来说，省钱是一门生活艺术，只要留心观察，总会发现一些省钱的小妙招，不管是省小钱还是省大钱，只要日积月累养成省钱的习惯，都能省下很多不必要的开支。

1.2.3　斤斤计较，细究每一笔资金去向

个人资金管理要求我们严格控制资金流向，即除了资金的正常流出之外，还要细究每一笔资金的去向，减少或降低不必要的开支项目。这就要求我们在日常生活中养成记账习惯，每开支一笔，就记录下来。月末时再查看账单，看看自己在哪些方面花费的金额更高，哪些是不必要的开支。

市面上有很多记账工具和软件，这里我们介绍口袋记账软件。如果没有记账习惯的，可以通过微信账单和支付宝账单来查看资金流向。口袋记账软件是一款操作非常简单、容易上手的手机记账软件，时光轴的设计可以使用户便捷地记录每一笔账目，从而解决记账用户的基本诉求，即弄明白"钱花哪儿了"。

打开口袋记账App，可以看到口袋记账由五个部分组成：资产、报表、记账、理财和更多。记账主要运用的是资产、报表和记账功能。进入记账页面，输入金额并选择类型，点击"确定"按钮，记录每天的收入支出情况，得到如图1-7所示的账单。

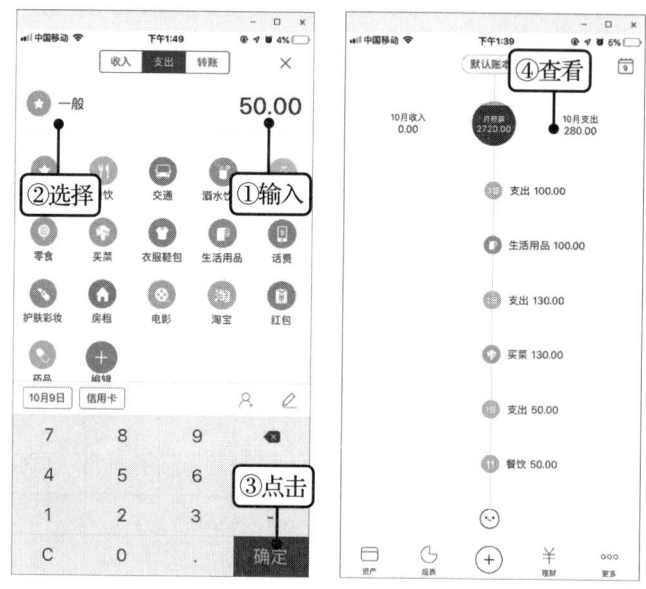

图1-7　记录账单

选择资产功能，可以在资产页面查看我们目前的资产状况，包括资产和负债，如图1-8所示。

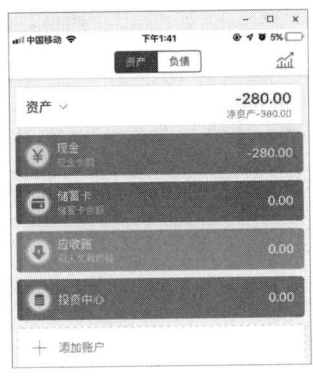 

图1-8　查看资产状况

选择报表功能，在页面中我们可以查看账单的详细分析，包括账单的分类情况、趋势走向、对比分析以及成员情况，如图1-9所示。

 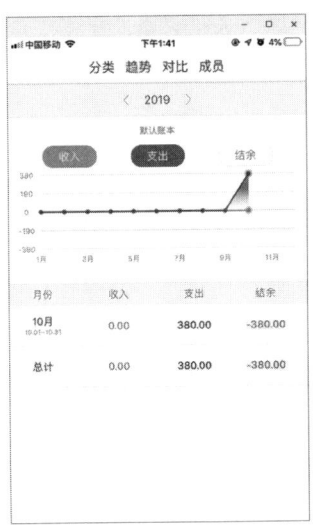

图1-9　查看账单报表

通过上述口袋记账App的功能介绍，可以发现口袋记账App的操作非常简单，但是其记账和分析账单的功能却不简单。具体的功能特色如下：

- 记账页面的选择类型丰富，比较符合大多数使用场景。另外，选择分类和输入金额都比较直观，操作简单，用户可以快速上手。
- 账单页面以时间轴的形式呈现，能够帮助用户直观清晰地查看每天的消费情况。另外账单页面将每月的预算默认设置为3 000元，每消费一笔，页面中将以"月预算"的形式显示，提醒用户节省开支。另外，预算额度可以自行设置。
- 资产方面，用户可以通过对当前拥有资产和负债进行对比查看，来了解当前的资产结构。另外，负债自带提醒功能，为用户记录并提醒记账还款时间。
- 报表分析方面，以饼图的方式，利用不同的颜色区别显示，可以帮助用户清晰地看到消费的比例和内容，直观方便。

1.3 遵循工资特性，循序渐进做理财

随着个人工作时间、经历以及经验的变化，个人的工资和财富积累也会发生变化。因此，我们的理财投资也要遵循不同时期下的工资特性，量力而为，找到最适合的投资策略。

1.3.1 初入职场，微薄薪资基础理财

初入职场的职场新人，普遍薪酬水平并不高，一般到手2 000 ~ 4 000

元,还要支付房租、水电、生活和日常中的其他基本开销,结余通常不多,所以大部分的职场新人没有理财的想法和概念,总是觉得等到自己的工资高了,再理财也不晚。

我们来对比一组数据。如果你的理财期限为60岁的退休年龄,从33岁有了稳定收入之后每月开始理财1 000元,年收益为4%(保守收益数据),到60岁时的收益计算结果如图1-10所示。

```
            最后拥有的总资产(元)
                577,179.12

定投期限(年)         27.00
每期定投金额(元)    1,000.00
投入本金(元)       324,000.00
投资总收益(元)     253,179.12
总收益率            +78.14%
目标年复合收益率     +4.00%
```

图 1-10 33岁开始理财的收益计算结果

但是如果同样的理财期限,从23岁有了稳定收入之后就每月开始理财1 000元,年收益为4%(保守收益数据),到60岁时的收益计算结果如图1-11所示。

```
            最后拥有的总资产(元)
               1,001,542.26

定投期限(年)         37.00
每期定投金额(元)    1,000.00
投入本金(元)       444,000.00
投资总收益(元)     557,542.26
总收益率           +125.57%
目标年复合收益率     +4.00%
```

图 1-11 23岁开始理财的收益计算结果

根据计算结果可以看到,在同样的收益率、同样的每月存入金额的情况下,收益回报相差了40多万元。因此,职场新人应尽早树立正确的理财观念,为自己未来的财富积累打下基础。

对于职场新人来说,由于经济基础比较薄弱,风险承受能力不高,所以理财应该以保守型的储蓄存款为主,例如定存、零存整取,或者基金定投也是一个不错的投资选择。

1.3.2 收入稳定,稳中求胜获收益

经过一段时间的沉淀,初入职场的新人变成了收入稳定的工薪阶层。虽然每个月都有稳定的收入,承受风险和抵抗风险的能力也有一定的提升,可以做一些长期投资,但是工作往往占据了他们大部分的时间,使得他们没有多余的精力钻研。

一般来说,这类人的投资目标是希望能够在中风险甚至是低风险的投资方式中,获得一些稳定的收益。因此,他们在投资理财之前要注意以下四点:

①抛掉一些一夜暴富的投机念头,摆正心态,坚持长期投资,追求稳定的收益。

②保证资金的充分运用,让其发挥最大的价值,避免资金闲置造成浪费。

③虽然收入稳定的工薪阶层的风险承受能力有了一定的增强,但是也要遵循风险适配和适当性原则。投资之前,最好测试自己的风险承受能力,如果是低风险偏好者,那么就可以投资一些低风险产品,比如货币基金。如果是可以承受高风险的,那么就可以买一些激进型、高回报的理财产品。

④合理规划资金，预备保障资金。部分人认为自己每月收入稳定，不用预备保障金，工资可以全部用于投资。但是如果投资的理财产品其资金流动性较差，则遭遇突发事件时很有可能会使自己陷入危机。

综上考虑，对于这类投资者，炒股这类需要实时关注行情走势、判断企业发展动向的理财方式并不适合，同时私募股权投资、信托等高门槛的投资方式也不适合。

适合他们的是一些稳健的理财方式，这类投资方式有很多，例如债券、保险以及基金等。

1.3.3　高薪人士，大胆追求高收益

经过长时间的工作积累，许多工薪阶层的工资水平得到了提升，变成了高薪阶层。他们的收入特点是，财富积累比较充足，结余资金较多，有充足的资金可用于投资理财，对抗风险的能力较强。

对于这类人，有以下三点投资注意事项需要关注：

①不要一味追求高风险、高收益的投资，投资过程中还要兼顾稳健性与收益性。

②适当增加家庭及家庭成员的保障计划，维护家庭及家庭成员的财务安全。

③适当多样化地组合投资，在丰富家庭资产形式的同时，也能通过组合投资的形式增强风险抵抗力。

对于这类高薪人士，因为其抵抗风险的能力较强，所以一些高风险的投资品种也可以考虑，例如股票、外汇以及期货等，投资品种选择也更丰富。

当然，他们会在可接受的风险范围内最大可能地去追求更高的收益，所以股权投资是他们普遍会选择的投资方式。

但是，需要注意的是，高薪人士的工作压力、工作时间通常都远高于一般的工薪人士，所以他们的健康状况并不理想。在投资理财的过程中，就要特别考虑保险问题，尤其是健康类的保险，为自己的健康提供保障。

第 2 章

银行储蓄，小白都知道的理财方法

储蓄，几乎是所有人都非常熟悉的一种理财方式，但是很多人却不知道，储蓄理财也讲究一定的技巧。掌握好这些技巧可以使自己的储蓄收益最大化。

2.1 从根本上改变对储蓄的误解

储蓄理财非常简单,投资者将个人资金存入金融机构账户,机构开具存折、存单,或制发银行卡,投资者到期支取存款的本金和利息即可。但是很多投资者对储蓄存在误解,使得储蓄效果总是不尽如人意。所以想要获得高收益,首先要从观念上做出改变。

2.1.1 误解一:收入 – 支出 = 储蓄

很多人都是在每月收到工资后,将工资用于日常的生活开支,到月底用余下的部分做储蓄。这看起来似乎没什么问题,实际上却在储蓄意识上存在认识错误。这其实涉及先支出还是先储蓄的问题,即如下两个公式:

收入 – 支出 = 储蓄

收入 – 储蓄 = 支出

表面上来看两者并无不同,实际上二者产生的储蓄效果却相差甚远。收入 – 支出 = 储蓄,即先开支,用余下的钱做储蓄,这样的结果往往是没有计划地大手花钱,余下的钱没有或较少,离预期的储蓄计划越来越远。随着电子货币的兴起,个人消费越来越方便,同时消费者也越来越感受不到花钱的感觉,这使得他们的消费额越来越高,甚至不知道钱花在了哪里。

想要真正做好储蓄理财，就要以储蓄为主，即收入－储蓄＝支出。设立一个固定的储蓄账户，每月发工资后先强制性储蓄一笔，然后再用余下的钱作为日常开支，并且储蓄的钱不到紧急情况不能支取。这样做不仅可以增加储蓄量，更快积累财富，同时也能帮助自己减少不必要的开支。

先储蓄后消费的储蓄方式，主要有以下两个好处：

①可以培养自己的储蓄习惯，不断积累财富。

②合理控制开支额度，对各项支出有计划地控制，培养良好的消费习惯。

2.1.2 误解二：储蓄属于普通人思维

常常听到"普通人才在银行存款，富人则在银行贷款"的言论，指出储蓄属于普通人思维，消费才是富人思维。

实际上，这属于误导。具有忧患意识没有错，而储蓄则是应对忧患比较实用的一种方法，因此储蓄只是为生活保驾护航的一种手段和方式。如果没有储蓄，只有贷款，则在失业并缺乏经济来源时，还要承担还贷的压力。

另外，很多人对储蓄嗤之以鼻的原因是通货膨胀。有人认为，货币一直在贬值，储蓄得到的利息跑不赢通货膨胀的速度。100元可以买5斤猪肉，储蓄收益率10%，一年后100元变成110元，此时猪肉已经变成25元一斤了，100元只能买到4斤猪肉了。但如果猪肉价格没有变化，还是20元一斤，那么我们的储蓄就是有意义、有收益的。

其中涉及一个净利率的概念，这里的净利率指储蓄利率扣除通货膨胀率以后的利率，如果净利率为负，说明储蓄利率低于通货膨胀率，货币贬值。那么我们实际看一下具体数据。

2019年全国居民消费价格指数CPI同比上涨了2.9%；2018年全年全国居民消费价格上涨2.1%；2017年为1.6%，2016年为2%，2015年为1.4%，2014年为2.0%，2013年和2012年都是2.6%。在上述8年中，全国居民消费价格指数最高为2019年的2.9%，最低为2015年的1.4%，对8年时间的CPI数据简单进行平均为2.15%。

然后，我们再对比银行存款一年期的存款利率。某银行一年定期存款利率只有1.75%，表面上看确实是低于物价指数，但是仔细观察可以发现，银行的5 000元起存的一年定期利率则是2.1%，已经接近平均物价水平，并没有真正达到负利率。并且如果存款期限在两年以上，则利率更高。但如果你进行大额存单3年或5年期限存款，那么银行的存款利率在4%左右。

另外，一些中小型银行的利率远远高于这个水平。所以说银行存款贬值的发生在特定的时期是可能的，但从整体上看并非如此。而由此就可以看出"储蓄存款是普通人思维"的言论更是过于极端了。

2.2
银行是储蓄的不二选择

提及储蓄，首先想到的便是银行。银行储蓄安全性高、风险低、稳定性强，并且比较灵活，支取方便。另外，储蓄的方式也是丰富多样，便于投资者做选择，下面我们来具体看看。

2.2.1 了解丰富的银行储蓄类型

对于银行储蓄，大部分人都知道定期储蓄和活期储蓄两种，央行也只对定期和活期的基准利率进行了规定。但是，银行储蓄并非如此单一，银行为了满足不同类型的储户对储蓄的要求，推出了多种储蓄类型，具体如下：

（1）活期储蓄

活期储蓄是大家比较熟悉，也是平时接触最多的一种银行存款方式。活期储蓄的特点在于储户可以随存随取，不受时间期限的限制。另外，活期储蓄门槛低，人民币活期存款1元起存，外币活期存款起存金额为不低于人民币20元的等值外汇，是非常适合家庭闲余生活费以及临时周转资金的理财渠道。

但活期储蓄的利率非常低，目前央行规定的年利率为0.35%，有的银行甚至只有0.3%。这样的利率不适合理财，但如果是需要急用或随时要支取的钱，可暂时进行活期储蓄。此外，如果要大额（5万元以上）取现的话，是需要提前预约的。

案例实操

张先生10万元的活期储蓄利息计算

假设张先生2019年1月1日到银行向自己的账户中存入10万元，利率按照0.35%计算，存入时间1年，每个季度的20日结算利息。那么到2019年12月31日时张先生的账户经历了哪些变化。

2019年3月20日：利息=100 000×80×（0.35%÷360）=77.78（元）

2019年6月20日：利息=100 077.78×90×（0.35%÷360）=87.57（元）

2019年9月20日：利息=100 165.35×90×（0.35%÷360）=87.64（元）

2019年12月20日：利息=100 252.99×90×（0.35%÷360）=87.72（元）

所以张先生的银行账户金额变化如表2-1所示。

表2-1 张先生活期储蓄账户情况

日　　期	存款余额	计息基数	计息天数	利　　息
2019年1月1日	100 000元			
2019年3月20日		100 000	80天	77.77元
2019年3月21日	100 077.78元			
2019年6月20日		100 077.78	90天	87.57元
2019年6月21日	100 165.35元			
2019年9月20日		100 165.35	90天	87.64元
2019年9月21日	100 252.99元			
2019年12月20日		100 252.99	90天	87.72元
2019年12月21日	100 340.71元			
2019年12月31日	100 340.71元			

可以看到，经过近一年时间的储蓄，张先生的账户余额为100 340.71元，得到了340.71元的利息收入。

通过案例的计算分析，可以明显感知到作为理财投资方式来讲，活期储蓄的收益并不算高，甚至可以说是很少。但是我们要知道的是，活期储蓄作为日常生活中以备不时之需的流动资金，站在风险承担的角度来讲，这个收益与其承担的风险是平衡的，也是合理的。所以活期储蓄作为临时备用金的投资渠道是可行的。

(2)定期储蓄

定期储蓄即定期存款,指的是银行与储户在存款时事先约定储蓄的时间、期限和利率,到期之后储户可以支取本息的存款,与活期存款相对,其主要特点在于固定期限上。

定期存款其"定期"的特性使得它的利率远高于活期储蓄。但是定期存款的利率并不是一成不变的,根据约定期限的长短不同,利率也会存在差别,时间越长则利率越高。

根据存取方式的不同,定期存款分为整存整取、零存整取、存本取息和整存零取4种方式,每种方式都有其独特的优点,如表2-2所示。

表2-2 定期储蓄的方式

储蓄方式	说　明
整存整取	整存整取指将资金整笔存入,与银行约定存入期限,到期之后一次性支取本息的储蓄方式
零存整取	零存整取指储户存款时与银行约定存期、每月固定存款、到期一次支取本息的一种储蓄方式
存本取息	存本取息指储户一次性存入较大金额的资金,然后分次支取利息,到期之后再支取本金的一种储蓄方式
整存零取	整存零取指储户在开户时约定存款期限,本金一次存入,固定期限分次支取本金的一种定期储蓄方式,1 000元起存,存期分1年、3年、5年,支取期分1个月、3个月及半年一次

(3)通知存款

通知存款没有固定的期限,但是储户必须预先通知银行才能提取存款。预先通知的期限为1日和7日两种。

通知存款兼具了活期存款的灵活性和定期存款的期限性质,这也是其主要特点，但是通知存款的利息计算却高于活期存款而低于定期存款。

因为通知存款没有固定的存期，所以其利息以日计算，利率视通知期限长短而定。存款经通知而到期，存款人不提取的部分，过期不计算利息。

（4）大额存单

大额存单指由银行业存款类金融机构面向个人、非金融企业、机关团体等发行的一种大额存款凭证。它是银行存款类金融产品，属于一般性存款。但是与一般性存款又有不同，大额存单在到期之前可以进行转让，期限不能低于7天。

从名称便可以看出，大额存单的投资门槛较高，需要大额资金，所以大额存单的利率也很高。作为一般性存款，大额存单比同期限定期存款有更高的利率，储户可以享受更高的投资收益。

另外，需要注意的是每个银行的每期大额存单在利率、付息方式、发售对象以及认购起点等方面都存在差异，所以每位储户在购买大额存单前要仔细阅读《说明书》，并在确保对条款内容理解完整无误的情况下再办理大额存单。

（5）教育储蓄

除了上述介绍的储蓄方式之外，还有一种特殊的定期储蓄——教育储蓄。教育储蓄是一种专门为学生支付非义务教育所需教育金的专项储蓄。

教育储蓄采用实名制，开户时储户要持本人（学生）户口簿或身份证，到银行以储户本人（学生）的姓名开立存款账户。到期支取时，储户需凭存折及有关证明一次性支取本息。

如今各大银行都推出了教育储蓄，方便储户进行教育金理财。表2-3所示为中国银行的教育储蓄。

表 2-3　中国银行的教育储蓄

项　目	内　容
产品名称	教育储蓄
产品说明	教育储蓄是一种特殊的零存整取定期储蓄存款，享受优惠利率，更可获取额度内利息免税。本金逐月存储，每月存入固定金额，到期时客户凭存折及学校提供的正在接受非义务教育的学生证明一次支取本息
存期	是零存整取的存款方式与整存整取的存款利率相结合，专门针对子女教育的储蓄品种，可视子女的教育进程和现状，通过自己规划设定存款期限，来享受高利率，免征利息所得税等优惠。存期分为一年、三年和六年
存额固定	开户时，可根据目前自身的经济实力，与银行约定每次固定存入的金额
利率	存款到期，凭存款人接受非义务教育学校所在地省级国家税务局统一印制并由所在学校开具的正在接受非义务教育的学生身份证明，享受整存整取的利率。在存期内遇有利率调整，按开户日挂牌公告的相应定期存款利率计付利息，不分段计息
利息免税	2 万元本金限额内，可免征利息税

由上可以看出，教育储蓄的利率享受两大优惠政策，除免征利息税之外，作为零存整取储蓄享受的是整存整取的利息。

2.2.2　核算存款利息，争取收益最大化

我们做投资的最终目的都是获取收益，即便是风险最低的储蓄也是如此。不同的银行，不同的储蓄方式，得到的收益也不同。

储蓄收益也就是存款利息，计算公式如下：

存款利息 = 本金 × 存期 × 存款利率

存款利率也称为利息率，是在一定日期内利息与本金的比率，一般分为年利率、月利率和日利率 3 种。通常，年利率以百分比表示，月利率以

千分比表示，日利率以万分比表示。

储蓄存款利率是以国家统一规定，由中国人民银行挂牌公告的基准利率为基础的利率，并且允许各大银行在确定各自的储蓄存款利率时在央行的基准利率上，略有浮动。计算银行利息之前，我们需要对各大银行的存款利率做基本了解。

表 2-4 所示为 2020 年各大银行定期存款利率。

表 2-4 2020 年各大银行定期存款利率

银行/基准利率	活期（年利率%）	定期存款（年利率%）						通知存款（%）	
		3个月	半年	1年	2年	3年	5年	1天	7天
基准银行（央行）	0.35	1.1	1.3	1.5	2.1	2.75	—	0.8	1.35
工商银行	0.3	1.35	1.55	1.75	2.25	2.75	2.75	0.55	1.1
农业银行	0.3	1.35	1.55	1.75	2.25	2.75	2.75	0.55	1.1
建设银行	0.3	1.35	1.55	1.75	2.25	2.75	2.75	0.55	1.1
中国银行	0.3	1.35	1.55	1.75	2.25	2.75	2.75	0.55	1.1
交通银行	0.3	1.35	1.55	1.75	2.25	2.75	2.75	0.55	1.1
招商银行	0.3	1.35	1.55	1.75	2.25	2.75	2.75	0.55	1.1
浦发银行	0.3	1.4	1.65	1.95	2.4	2.8	2.8	0.55	1.1
上海银行	0.3	1.4	1.65	1.95	2.4	2.75	2.75	0.55	1.1
邮政银行	0.3	1.35	1.56	1.78	2.25	2.75	2.75	0.55	1.1
中信银行	0.3	1.4	1.65	1.95	2.4	3	3	0.55	1.1
平安银行	0.3	1.4	1.65	1.95	2.5	2.8	2.8	0.55	1.1
华夏银行	0.3	1.4	1.65	1.95	2.4	3.1	3.2	0.63	1.235
广发银行	0.3	1.4	1.65	1.95	2.4	3.1	3.2	0.63	1.235

上表提供的存款利率仅供参考，实际利率以银行公布为准。通常银行的各地分行有权在银行官方存款利率的基础上结合当地实际情况做调整，所以即便是同一家银行，各地的分行可能也会出现存款利率不同的情况。

另外，如果是选择定期储蓄，可以去柜台办理咨询，同一家银行不同的办理方式，存款利率也可能存在差异，例如柜台办理、网上银行和手机银行的定存利率可能会存在差异。

我们在计算存款利息时，需要注意以下三点：

◆ 利率的换算

利率中涉及年利率、月利率和日利率的换算，三者的换算关系是：年利率＝月利率×12（月）＝日利率×360（天）；月利率＝年利率÷12（月）＝日利率×30（天）；日利率＝年利率÷360（天）＝月利率÷30（天），除此之外，使用利率时要注意与存期相一致。

◆ 利息计算公式中的计息起点问题

利息计算公式中的计息起点问题包括三个方面：储蓄存款的计息起点为元，元以下的角分不计付利息；利息金额算至厘位，实际支付时将厘位四舍五入至分位；除活期储蓄年度结算可将利息转入本金生息外，其他各种储蓄存款不论存期如何，一律于支取时利随本清，不计复息。

◆ 利息计算公式中存期的计算问题

利息计算公式中存期的计算问题也包括三个方面：计算存期采取算头不算尾的办法；不论大月、小月、平月、闰月，每月均按30天计算，全年按360天计算；各种存款的到期日，均按对年、对月、对日计算，如遇开户日为到期月份所缺日期，则以到期月的末日为到期日。

现在计算银行存款利息已经非常便捷了，用户在各大银行官网和App上都可以自助计算查询。

下面以中国农业银行为例介绍存款利息计算操作。

案例实操

登录中国农业银行官网计算存款利息

进入中国农业银行官网（http://www.abchina.com），在首页选择"个人服务"选项卡，在展开的菜单中单击"存款"超链接，如图2-1所示。

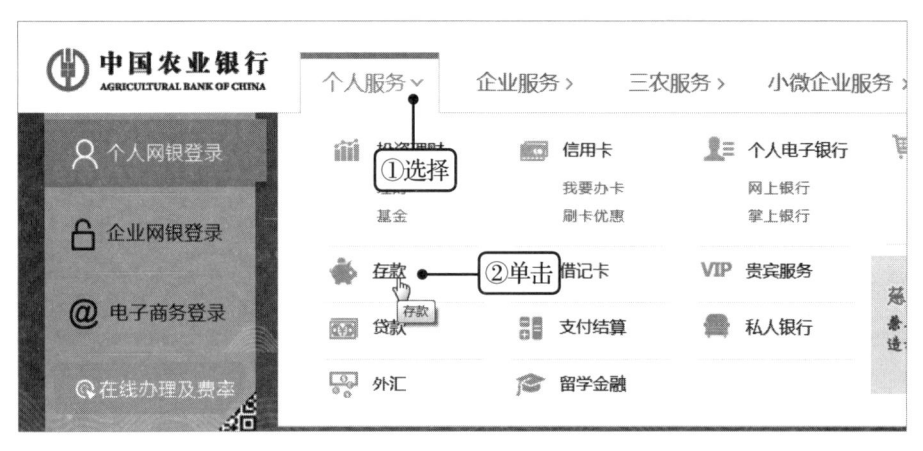

图2-1 单击"存款"超链接

进入个人服务存款页面，单击页面左侧的"存款计算器"超链接，如图2-2所示。

图2-2 单击"存款计算器"超链接

进入存款计算器页面,在页面的左侧选择计算类型,这里单击"存本取息计算器"按钮。在右侧的存本取息计算页面中设置计算项目,可以选择"初始存入金额"或"每次支取利息金额(每月)"。这里选中"每次支取利息金额(每月)"单选按钮,并在下方设置储蓄存期、初始存入日期和初始存入金额,最后单击"计算"按钮,在页面下方即可查看计算结果,如图2-3所示。

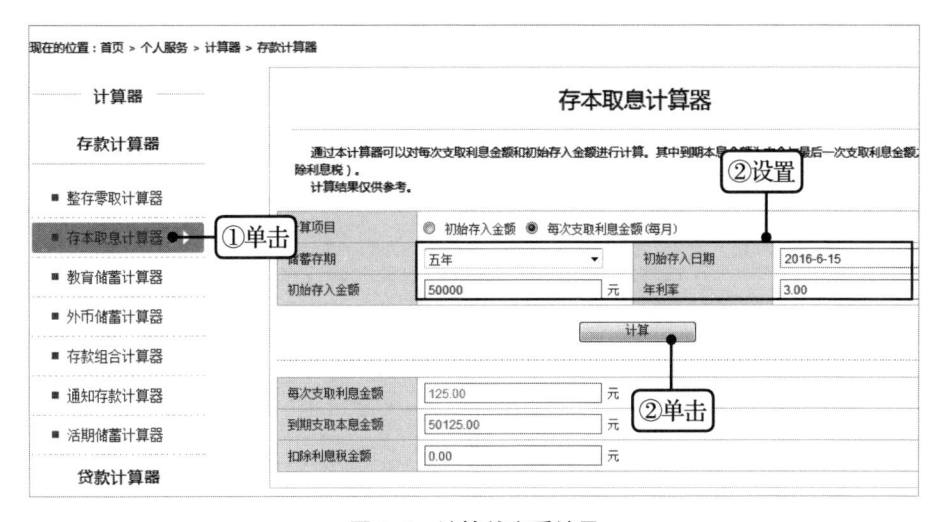

图 2-3　计算并查看结果

2.2.3　积沙成塔,零存整取也能积累财富

零存整取在前面活期储蓄类型中曾提到过,这里我们对其进行详细介绍。对刚参加工作不久的大学生和积蓄不多的上班族来说,零存整取是一种非常合适的理财方式,因为这类投资者有固定的收入和小额余钱,积累性比较强。

零存整取主要是靠积沙成塔的坚持,通过日常的小额积累,最终实现财富的累积。因此,零存整取不需要像其他定期存款一样,一次性存入大额资金，等待到期取息，并且其存款金额不定，最低限额为 5 元，但第二次开始存入金额只能以开户时存入的金额为固定存储金额，不能更改。

零存整取也同活期储蓄一样，比较自由，资金变现能力强，但利率却比活期储蓄高。下面我们来具体了解一下零存整取的特别之处，如表 2-5 所示。

表 2-5 零存整取的特点

项 目	内 容
开户起存金额	零存整取一般 5 元起存，每月存入一次，中途如有漏存，应在次月补齐，且只有一次补交机会
存款期限	存期一般分 1 年、3 年和 5 年
存款利率	零存整取计息按实存金额和实际存期计算，具体利率标准按利率表执行。零存整取利率一般为同期定期存款利率的 60%
利息计算	零存整取利息计算公式是：利息 = 月存金额 × 累计月积数 × 月利率，其中累计月积数 =（存入次数 +1）÷2× 存入次数

2.3 让存款有利可图的锦囊妙计

储蓄理财看起来简单，但其中隐藏的门道可不少，了解这些门道可以让储蓄变得更高效，收益变得更可观。相对地，如果不知道这些窍门，有可能会让我们失去部分应得的收益。

2.3.1 定期存款，利率上涨怎么做

我们知道活期存款与定期存款有着利率差异，一般活期存款利率为 0.3%～0.35%，而定期存款利率在 2% 左右。定期存款利率高于活期利率的同时，存款期限上也存在一定的限制，通常期限有 3 个月、6 个月、1 年、3 年和 5 年，存的时间越久利率则越高。

定期存款都是按照开户日挂牌公告的定期储蓄存款利率计付利息，存款利率不会因为储蓄期间存款利率调整而变动。

那么，如果银行提高存款利率，但储户的定期存款又没到期，还是按照原来的利率计息，储户就要损失一部分利息。此时储户应该怎么做呢？有必要把定期存款取出来再存吗？

实际上，在考虑加息后定期要不要取出来再以更高的利率存的问题时，我们可以通过计算的方式来进行分析。

首先我们要知道，理论上定期存款存入的时间越短，转存就越划算，但如果定期存款存入的时间较长，那么提前取出再转存可能就会面临利息损失。这其中就涉及转存利息平衡分界点的确定，我们要计算出这个分界点，然后利用它来做是否转存的决定。计算公式如下：

转存利息平衡分界点 = 一年的天数 × 现存单的年期数 ×（新定期存款年利率 − 现存单的年利率）/（新定期存款年利率 − 活期存款年利率）

例如，一笔定存原来约定的定期年息是 2.5%，存期为一年，现在加息后想要转存为存期一年且年息 3% 的定期存款。活期年息是 0.4%，一年以 360 天计算。

转存利息平衡分界点 = 360 × 1 ×（3−2.5）/（3−0.4）= 69（天）

根据计算结果可以看出，如果储户定期存款已经超过 69 天，那么再将

钱取出转存是不划算的。但是，如果储户定期存款时间没有超过 69 天，则将钱取出来转存可以获得更高的利息收入。

因此，银行加息时，需要结合储蓄的实际情况计算转存利息平衡分界点，然后再决定是否将原来的定期存款取出来转存。

2.3.2 自动转存，避免利息损失

自动转存指定期存款到期自动转存，即储户存款到期后，客户如不前往银行办理转存手续，银行可自动将到期的存款本息按相同存期一并转存，不受次数限制，续存期利息按前期到期日利率计算。

如今大家普遍比较忙碌，很多人在银行做定期储蓄后，难以准确记牢定期储蓄的到期时间，或者没有时间按时到银行完成新的定期存款约定。

要知道，如果储户的定期储蓄到期后，没有及时转存，那么到期后银行会按照活期利率计算到期后的利息收益，这就使得储户们的利息受到损失。

为了避免这一情况的发生，储户们可以选择办理自动转存业务，定期储蓄到期后，银行自动将定期储蓄中的本金和利息合计金额按照原存款单约定的定期期限，根据转存日的挂牌利率，将其转存为新的定期存款。

自动转存业务是银行吸引储户的一种新举措，它为储户带来便利的同时，也增加了储户的利息收入。

案例实操

自动转存利息计算

王先生 2017 年 9 月 20 日存入 10 000 元的一年期整存整取储蓄存款，要求银行在存款到期后办理自动转存。存入日和转存日的年利率为 4.79%，

储户于2020年11月20日支取，支取日活期存款利率为0.3%。利息计算如下。第一个存期（2017年9月20日～2018年9月19日）：

10 000×1×4.79%=479（元）

自动转存一次（2018年9月20日～2020年9月19日）：

（10 000+479）×1×4.79%=501.94（元）

再次自动转存后不足1个存期支取（2020年9月20日～2020年11月19日），视同前一期逾期支取。利息计算：

（10 000+479+501.94）×60×0.3%÷360=5.49（元）

支取时该账户的本金为10 980.94元，应付利息为5.49元。

2.3.3 转账有妙招，减少不必要手续费

银行储蓄转存过程中难免会遇到转账的情况，虽然同行转账手续费已经取消了，但是跨行转账手续费依然存在，怎么才能节省这笔不必要的支出呢？

首先我们来了解一下跨行转账的收费情况，以五大银行为例。跨行转账手续费通常是以转账额度作为划分依据的，具体如表2-6所示。

表2-6 银行跨行转账收费情况

金　　额	银　　行	柜台转账	ATM	网上银行
2 000元以下	工商银行	2元/笔	2元/笔	免费
	建设银行	2元/笔	2元/笔	免费
	中国银行	2元/笔	2.4元/笔	免费
	农业银行	2元/笔	2元/笔	免费
	交通银行	2元/笔	1.6元/笔	免费

续表

金　额	银　行	柜台转账	ATM	网上银行
2 000元~ 5 000元	工商银行	5元/笔	5元/笔	免费
	建设银行	5元/笔	5元/笔	免费
	中国银行	5元/笔	6元/笔	免费
	农业银行	5元/笔	5元/笔	免费
	交通银行	5元/笔	4元/笔	免费
5 000元~ 10 000元	工商银行	10元/笔	10元/笔	5元/笔
	建设银行	10元/笔	10元/笔	5元/笔
	中国银行	10元/笔	12元/笔	10元/笔
	农业银行	10元/笔	10元/笔	5元/笔
	交通银行	10元/笔	8元/笔	8元/笔
10 000~ 50 000元	工商银行	15元/笔	15元/笔	7.5元/笔
	建设银行	15元/笔	15元/笔	7.5元/笔
	中国银行	15元/笔	18元/笔	15元/笔
	农业银行	15元/笔	15元/笔	7.5元/笔
	交通银行	15元/笔	12元/笔	12元/笔

根据上表可以看到，当转账金额小于5 000元时，网上银行转账更划算，但是当跨行转账超过了5 000元，即使在网上银行操作，银行也会收取不同金额的手续费。此时我们可以借助手机银行App。随着手机App的兴起，各大银行纷纷推出优惠政策以便吸引手机用户，而优惠的转账手续费用就是其中一项优惠策略。

手机银行跨行转账没有手续费用，转账金额超过5 000元也没有手续费用。但是利用手机银行转账要注意转账限额的问题，不同的银行限制了不同的单日转账额度，以建设银行为例，Ⅰ类户单日转账限额为100万元，单笔不能超过50万元。不同的账户类型或不同的转账方式有不同的限额标准。

职场理财

第 3 章

零钱理财，蚂蚁再小也是肉

　　零钱，即我们日常生活中不起眼的小钱，可能是购物找零，可能是生活结余，甚至可能是忘记了的小额资金。但是很多人并不知道，这些零散的小钱也可以用于理财，使我们的收益进一步提高。

3.1 简单易上手的微信"零钱通"

微信,相信大家都不陌生,随着社交网络的快速发展,微信已经成为人们重要的社交和娱乐工具。但是很多人并不知道微信的"零钱通"功能,它是微信推出的活期理财工具,是人们零钱理财的工具之一。

3.1.1 微信零钱与"零钱通"的区别

虽然很多人用微信,也用微信零钱支付交易款,但是微信零钱与"零钱通"是两个完全不同的工具,下面我们就来看看二者的区别。

(1)微信零钱

微信零钱指微信用户在微信中的余额,一般来说,用户的微信转账、红包收取都会进入到微信零钱中。简单来说,微信零钱就是一个储存用户余额的工具。

但微信零钱与一般的银行活期储蓄不同,它没有收益产生,如同用户们手中持有的现金,用于应对日常的生活开销。

微信零钱使用也非常简单。登录微信,在微信页面下方点击"我"按钮,进入用户页面,选择"支付"选项,如3-1左图所示。

进入支付页面,点击"钱包"按钮,如3-1右图所示。

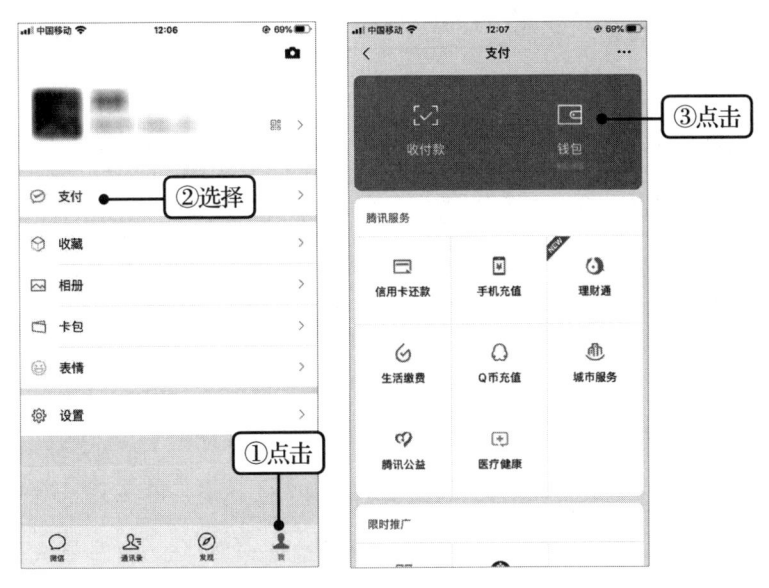

图 3-1 进入支付页面

在钱包页面即可查看零钱额度,点击"零钱"按钮,进入"我的零钱"页面,在页面中可以完成零钱的充值和提现,如图 3-2 所示。

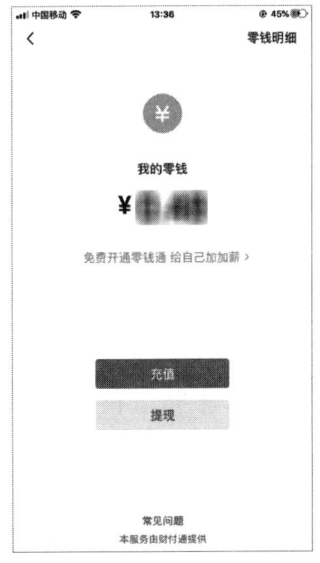

图 3-2 进入"我的零钱"页面

（2）微信"零钱通"

微信支付不管是在用户观念上，还是在使用上，很多时候都被定义为小额度的零钱交易，甚至大部分的用户微信零钱中的金额从未超出过 1 000 元。因为微信本身是基于"社交 + 娱乐"理念而开发运营的，这就给人形成了一种微信是社交 App 而非专业金融 App 的固定思维，因而存放大量资金会让人觉得没有安全感。

而"零钱通"正是针对用户的小额零钱的使用和管理需求而开发的，零钱通是一种货币基金，用户可以利用"零钱通"里面的资金直接消费，包括转账、发红包、扫码支付以及信用卡还款等。除了这些与微信零钱相同的功能之外，"零钱通"中的资金还可以赚取收益，实现零钱理财的目的。用户可将微信零钱或银行借记卡中的资金转入"零钱通"，"零钱通"中的所有资金也可转出到微信零钱或银行卡，并且转入、转出均无手续费。

所以，"零钱通"与微信零钱相比主要是多了一个理财的功能，用户的小额零钱放在微信零钱中不会产生收益，而放在"零钱通"中则可以自动获取理财收益。

另外，需要注意的是，微信零钱中的资金提现需要手续费用，通常为提现金额的 0.1%。但是"零钱通"中的资金提现则不同，它分为两种情况：如果资金由银行卡转入，那么提现至银行卡无须手续费；如果资金由零钱转入，那么只能转出至零钱。

3.1.2 微信"零钱通"是否零风险

我们在考虑微信零钱通的风险时主要从两个方面来看：一个是平台风险，另一个则是产品风险。

平台方面，我们知道"零钱通"是腾讯公司推出的一款理财产品。腾讯公司作为国内最大的互联网综合服务提供商之一，2004年在香港联交所主板上市，资金背景雄厚，有了这一背景，可以看出平台是比较可靠、安全的。

而在产品方面，"零钱通"属于货币基金。目前，"零钱通"与多家基金公司进行了合作。查看产品可能存在的风险，也就是分析货币基金可能存在的风险。

货币基金属于风险等级较低的一类基金，安全性比较高，资金流动性也较强，但并不意味着货币基金就是零风险的。货币基金的风险主要包括如图3-3所示的三类。

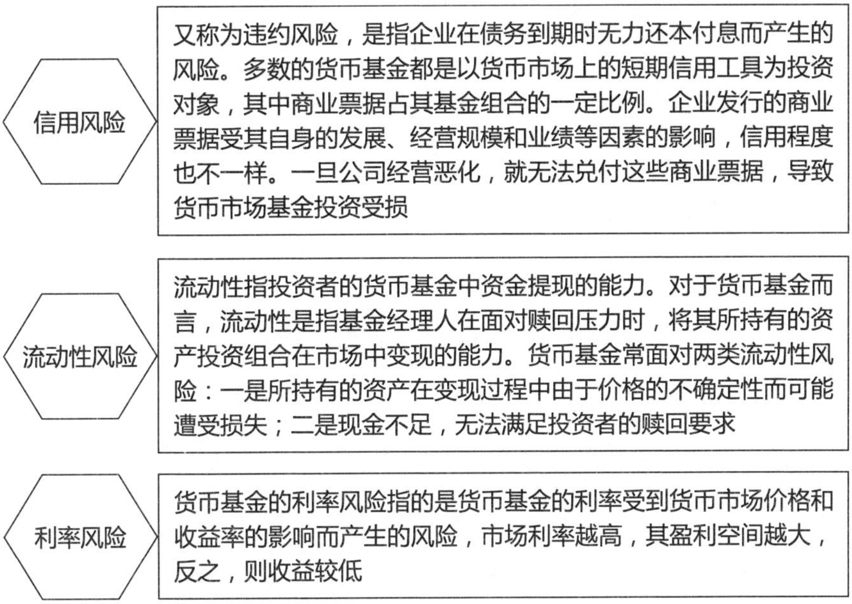

信用风险：又称为违约风险，是指企业在债务到期时无力还本付息而产生的风险。多数的货币基金都是以货币市场上的短期信用工具为投资对象，其中商业票据占其基金组合的一定比例。企业发行的商业票据受其自身的发展、经营规模和业绩等因素的影响，信用程度也不一样。一旦公司经营恶化，就无法兑付这些商业票据，导致货币市场基金投资受损

流动性风险：流动性指投资者的货币基金中资金提现的能力。对于货币基金而言，流动性是指基金经理人在面对赎回压力时，将其所持有的资产投资组合在市场中变现的能力。货币基金常面对两类流动性风险：一是所持有的资产在变现过程中由于价格的不确定性而可能遭受损失；二是现金不足，无法满足投资者的赎回要求

利率风险：货币基金的利率风险指的是货币基金的利率受到货币市场价格和收益率的影响而产生的风险，市场利率越高，其盈利空间越大，反之，则收益较低

图3-3　货币基金的风险

综上所述，"零钱通"整体来看是一个安全性比较强的、可靠的理财产品，用户可以将自己的零钱投入，获得收益。

3.1.3 微信"零钱通"的开通和使用

"零钱通"开通和使用都非常方便。首先"零钱通"的位置比较好找，它位于微信零钱的下方，用户在"钱包"页面即可查看到。

进入微信钱包页面，点击"零钱通"按钮，进入"零钱通"页面，点击"免费开通"按钮，如图3-4所示。

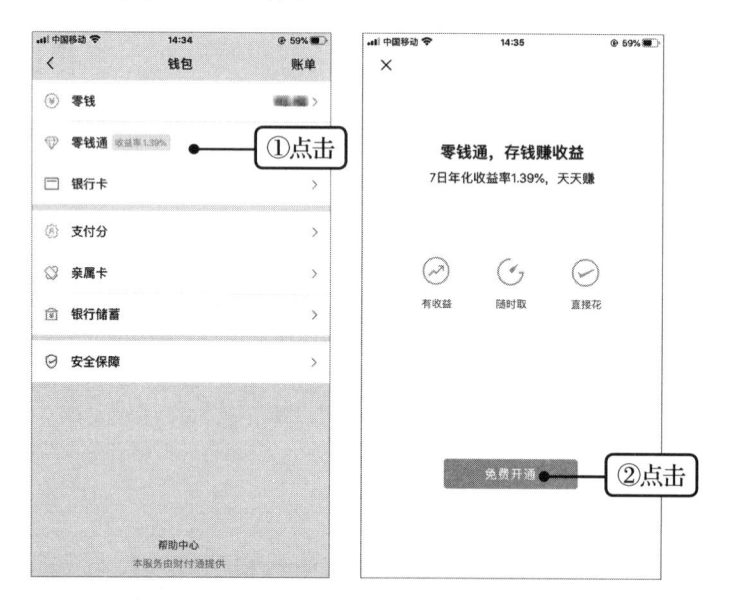

图3-4　点击"免费开通"按钮

随后自动跳转至《协议条款》页面，因为微信"零钱通"属于低风险的理财产品，所以开通该项业务需要阅读并同意相关协议条款。在该页面中点击"同意"按钮，如3-5左图所示。

随后跳转至"身份验证"页面，在页面中输入6位数支付密码，验证本人操作，如3-5右图所示。

零钱理财，蚂蚁再小也是肉 **第3章**

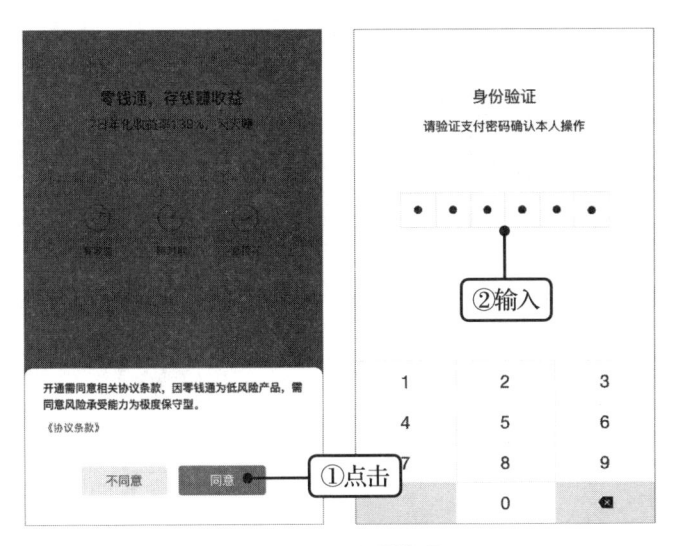

图 3-5 开通零钱通

完成之后即可进入"零钱通"页面，在页面中可以查看账户余额、收益情况以及收益率等信息。点击"转入"按钮，进入"转入"页面，输入转入金额，并点击"转入"按钮，如图3-6所示。

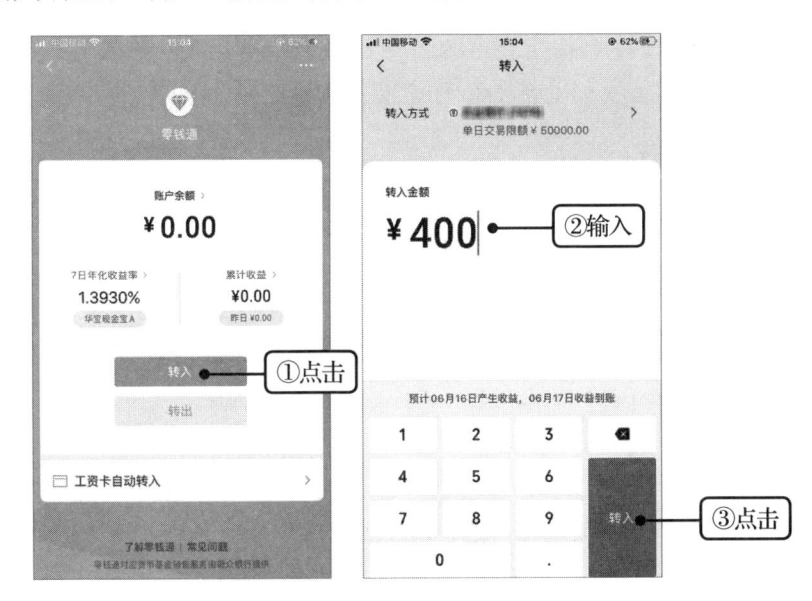

图 3-6 转入资金

.47

进入密码支付页面，输入密码即可完成资金转入，如图3-7所示。

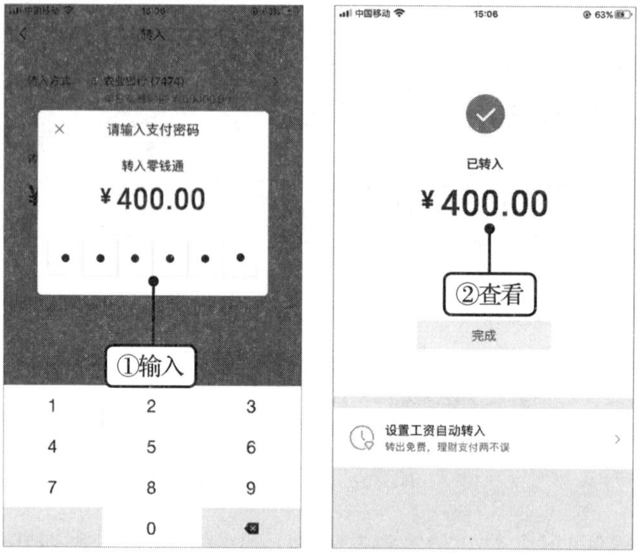

图 3-7　完成转入

"零钱通"资金转出也非常简单，与转入相同，根据页面提示输入金额和密码即可，这里不再赘述。另外，"零钱通"还可以设置工资自动转入，即设置自动转入资金的时间和金额，到期时资金自动划入零钱通中，非常适合上班族。

3.1.4　不想使用时随时可关闭

"零钱通"有一点非常人性化的设计，即可关闭性，当你不想使用"零钱通"时可以直接关闭。

进入微信"零钱通"页面，点击页面上方的 ⋯ 按钮，在下方弹出的菜单中选择"关闭零钱通"选项，如图3-8所示。

图 3-8 选择"关闭零钱通"选项

然后按照页面提示输入支付密码即可完成关闭操作。此时，系统会提示"零钱通收益计算中，请 24 小时后再注销"。这是因为之前在"零钱通"里面还有余额，其最近一天的收益还没有到账，因此暂时还不能关闭，需要 24 个小时后收益到账了才能关闭。

需要注意的是，"零钱通"中有资金时也可以关闭，关闭后资金自动转入微信零钱中。

3.2
理财神器余额宝的零钱理财法

说起理财神器，支付宝当仁不让。截至 2019 年支付宝的用户数量已经超过12亿，在金融服务方面，支付宝无疑是成功的，它已变成一款贴近群众生活的多功能性应用。现如今，人们除了用支付宝支付、转账、借款以及投资理财外，还会用其缴纳水电气费、进行社交及查询社保等，丰富且便捷了人们的日常生活。

但是，很多人并不知道，支付宝中还隐藏着一些鲜为人知的零钱理财方式，可以帮助人们管理零钱，提高收益。

3.2.1 余额宝：余额自动转入得收益

余额宝是蚂蚁金服旗下的余额增值服务和活期资金管理服务产品，也是一款货币基金，与"零钱通"类似，特点也比较突出，具体如下：

- **收益日结**：1分钱起步，收益日结，每日计算当日收益并采用红利再投方式进行分配，收益将计入本金计算下一次收益。
- **随时存取**：可同时用于线上消费（包括但不限于淘宝购物、手机充值、水电气缴费、还花呗以及还信用卡等）、线下付款或转出到银行卡。
- **投资门槛低**：余额宝没有最低购买金额限制，适合用户的小额资金、余额资金以及零钱资金做理财。
- **操作流程简单**：余额宝将基金公司的基金直销系统内置于支付宝中，用户可以在支付宝中进行基金的购买或者赎回，整个流程便捷简单。
- **兼具收益性和流动性**：余额宝兼具收益性与流动性，每日计息，且支持T+0实时赎回，即转入余额宝中的资金可以随时转出至支付宝余额进行消费，实时到账且无手续费，也可直接提现至银行卡，流动性较强。

而支付宝中的余额与微信中的零钱一样，可以用于支付却不能享受收益，所以对用户而言，与其将零钱放置在余额中，还不如将其转入余额宝中享受收益。

但是每次将余额转入余额宝很麻烦，对此，用户可以开通"余额自动转入"功能，让余额中的资金自动转入余额宝，享受收益，省去了麻烦。

自动转入设置非常简单，进入余额宝，在页面中点击"余额自动转入"按钮，进入"余额自动转入余额宝"页面，点击"确认并开通"按钮，如图3-9所示。

图3-9 开通"余额自动转入"功能

开通"余额自动转入"功能之后，再进入"余额自动转入余额宝"页面，可以在页面中查看到余额自动转入的记录，如3-10左图所示。点击页面右上方的 ⋯ 按钮，在展开的菜单中选择"关闭服务"选项，即可关闭余额自动转入余额宝的功能，如3-10右图所示。

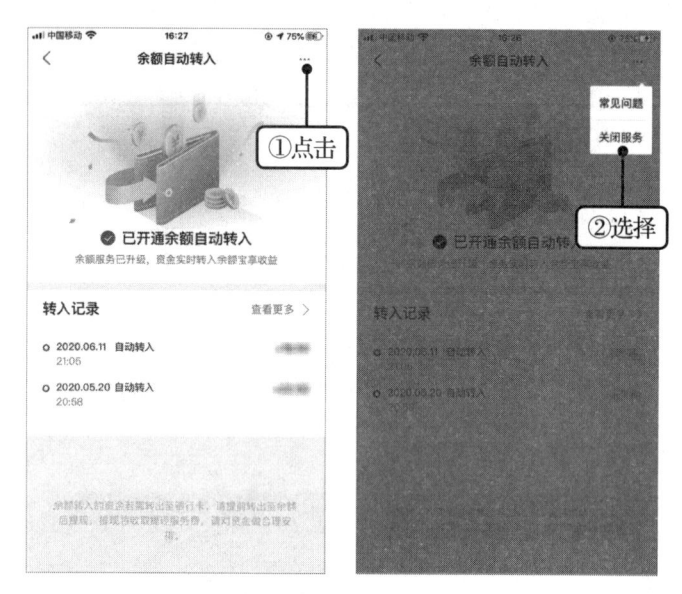

图 3-10　查看自动转入记录或关闭服务

3.2.2　蚂蚁星愿：为"星愿"攒钱

在生活中人们可能处处存在一些心愿，例如得到一个好的音响，获得一套称心的游戏设备，又或者是购买一个电子产品，但是在面对价格的时候许愿者却又犹豫不决。此时可以通过攒钱来完成，但是仅依靠自我约束力，很多意志力薄弱的人难以实现攒钱的目标。因此，蚂蚁星愿应运而生，蚂蚁星愿可以将日常中的零散小钱聚集起来，帮助用户实现"星愿"。

蚂蚁星愿是一个为"星愿"攒钱的产品，用户可以在蚂蚁星愿里许下自己的"星愿"，许下并完成"星愿"以后，就可以命名星星作为纪念。星星的编号、坐标、所属星座等天文数据由中国科学院国家天文台提供。当然，只是在支付宝的生态圈内命名这颗星星。

实际上，用户往蚂蚁星愿存钱也是一种购买货币基金的行为，蚂蚁星愿目前支持的货币基金有两只：南方天天利 A 和富国富钱包，一旦选定则不能再更换基金。蚂蚁星愿和余额宝类似，唯一的区别就是在蚂蚁星愿中，用户需为自己设定了一个目标，存钱的目的性更强。

当用户已攒的金额（包含持有收益）大于或者等于目标金额时，则为实现"星愿"。

蚂蚁星愿操作也非常便捷，进入余额宝页面，点击页面中的"蚂蚁星愿"按钮，如3-11左图所示。进入蚂蚁星愿页面，点击"许个星愿"按钮，如3-11右图所示。

图 3-11　进入"蚂蚁星愿"，点击"许个星愿"按钮

进入"许个星愿"页面，页面自动推荐了小"星愿"，不喜欢可以点击下方的"换一换"按钮，选择新的"星愿"。还可以点击"自定义"按钮，自己设置"星愿"内容，如3-12左图所示。

进入设置页面，在页面中输入我的"星愿"内容，并设置"星愿"目标金额、攒钱金额和扣款时间，完成后在页面下方点击"同意并许愿"按钮，即可开通蚂蚁星愿，如3-12右图所示。

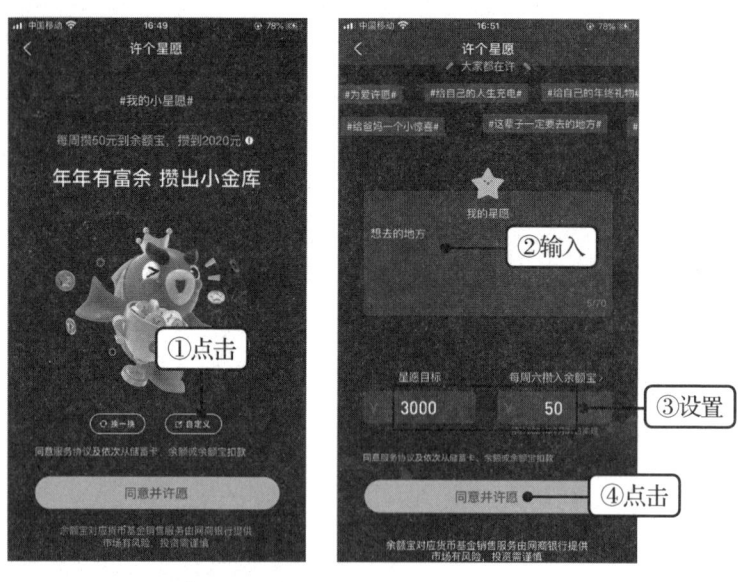

图 3-12 设置"星愿"内容

蚂蚁星愿中存入的钱会冻结在余额宝中享受收益，可以在蚂蚁星愿页面中查看攒钱的详细情况，点击页面中的 按钮即可查看详情，如图 3-13 所示。

图 3-13 查看"星愿"资金积攒详情

需要注意的是，蚂蚁星愿中攒下的钱只有在"星愿"达成，或者"星愿"终止的情况下才能取出。完成"星愿"后，选择"历史星愿"选项，点击"取出已攒资金"按钮，再根据页面提示操作即可。

用户也可以选择终止"星愿"，提前取出资金。打开支付宝，在"星愿详情"页面，点击"管理星愿"按钮，在弹出的菜单中选择"终止星愿"选项即可。蚂蚁星愿终止的话，T 日申请取出，资金将在 T+1 日 24:00 前回到余额宝中。

3.2.3 笔笔攒：消费式攒钱

笔笔攒是余额宝推出的一项存钱服务，用户用支付宝每支付一笔费用后，它会帮助用户从用户指定的储蓄卡扣款攒入余额宝中，存入的资金由用户自己设置。它是一个帮助用户攒钱的理财产品，让用户在消费的同时攒钱，可以帮助用户形成省钱的意识。攒入的钱会被冻结在余额宝中，享受余额宝的同等收益。

笔笔攒类似于零钱存钱罐功能，每次消费时自动储蓄一些小额零钱，例如 1.88 元、2.88 元、3.88 元以及 5.88 元等，积少成多，在不经意间可以帮助用户养成储蓄的习惯。

笔笔攒的操作非常简单便捷，进入余额宝页面中，点击"笔笔攒"按钮，如 3-14 左图所示。

进入"笔笔攒"页面，在页面中设置每笔消费后的攒钱金额，可以根据页面提示选择，也可以自定义，再选中"同意服务协议"单选按钮，最后点击"体验一下"按钮，如 3-14 右图所示。

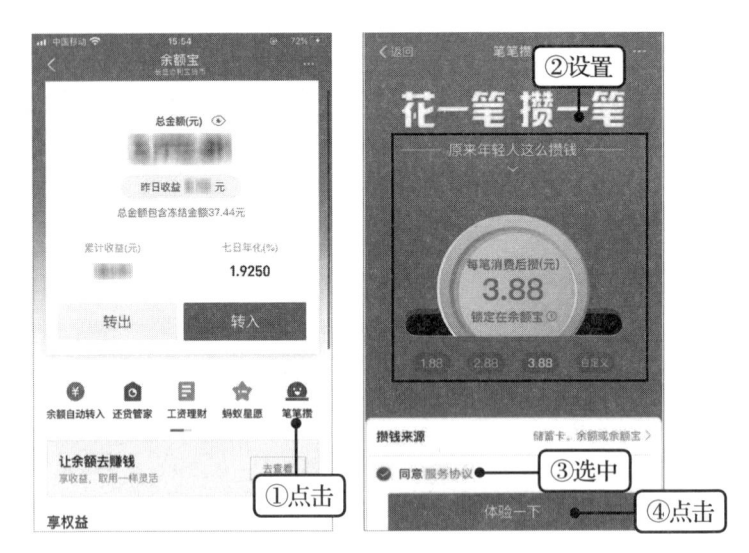

图 3-14 开通笔笔攒功能

完成之后，根据页面提示输入支付密码即可。开通之后，用户每消费一笔就会自动攒入一笔零钱，进入"笔笔攒"页面即可查看到已攒资金和攒钱明细，如图 3-15 所示。

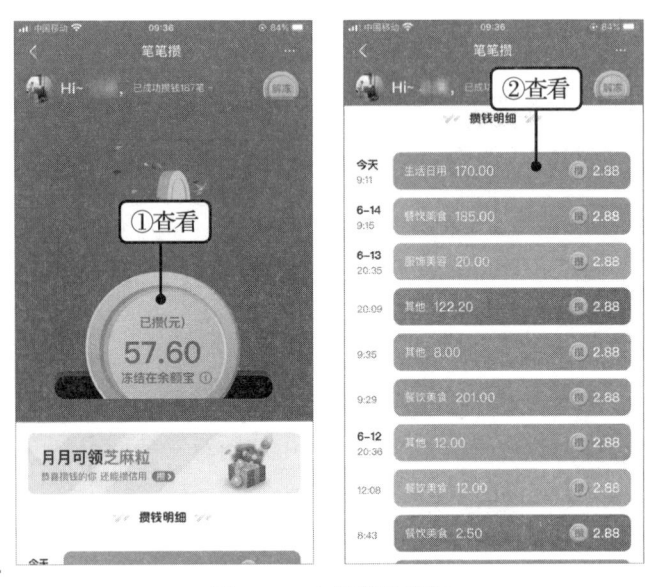

图 3-15 查看攒钱明细

解冻被冻结的资金非常简单，点击页面上方的"解冻"按钮，输入金额和密码即可完成解冻。用户不想继续使用时也可以直接关闭，点击页面上方的■按钮，在页面下方弹出的菜单中选择"设置"选项，如3-16左图所示。进入"设置"页面，选择"停止笔笔攒"选项，如3-16右图所示。

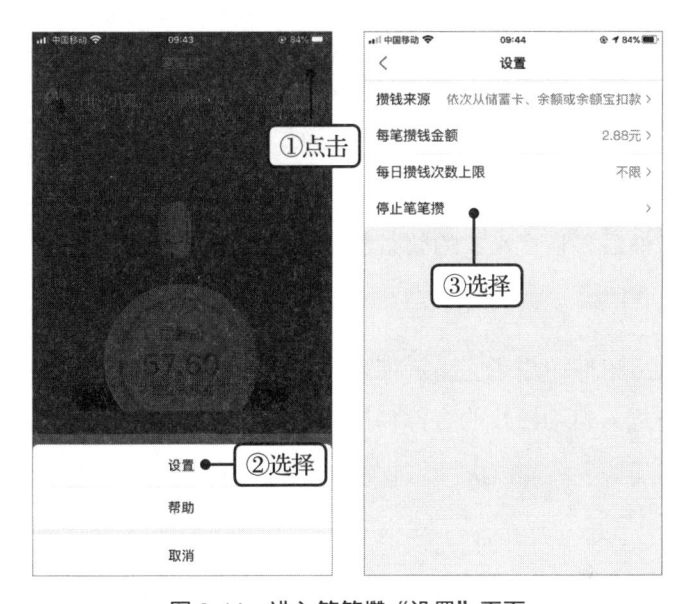

图 3-16 进入笔笔攒"设置"页面

页面中出现挽留提示，继续点击"停止"按钮，如3-17左图所示，随后进入笔笔攒用户使用调查页面，在页面下方点击"依然停止"按钮，如3-17右图所示，随后根据页面提示输入支付密码即可完成关闭操作。

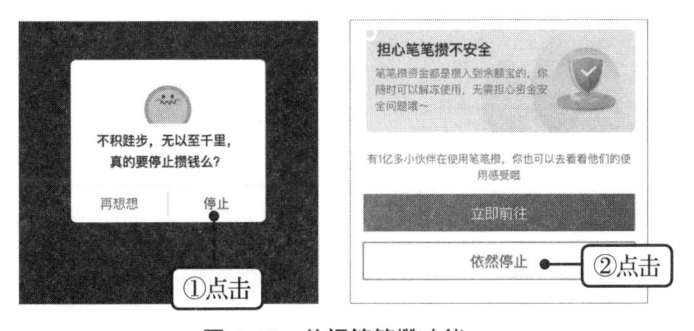

图 3-17 关闭笔笔攒功能

3.2.4　工资理财：发工资日就存钱

工资理财是支付宝推出的一款针对上班族的存钱理财产品，用户可以设定每月按固定日期、固定金额从指定银行卡扣款转入余额宝、货币基金或者其他理财产品中做理财。

首先，工资理财功能为忙碌的上班族提供了一种便捷的懒人式理财方式，用户只要在使用之初设置即可。其次，每月固定扣款的形式，将储蓄的日期设置为发工资的日子，可以让用户养成强制性储蓄的习惯，为用户积累财富。最后，自定义式的储蓄额度，方便用户根据自己的工资情况自行设置，没有门槛，小钱也可以理财。

在余额宝页面中点击"工资理财"按钮，进入"工资理财"页面。在页面中设置每月自动攒钱的金额和攒入日期，并选择攒入产品，选中"同意服务协议及从余额宝扣款"单选按钮，点击"体验一下"按钮，如图 3-18 所示。

图 3-18　开通工资理财功能

需要注意的是，选择攒入产品时可以选择"享攒钱"或"攒下钱"两种，如图 3-19 所示。

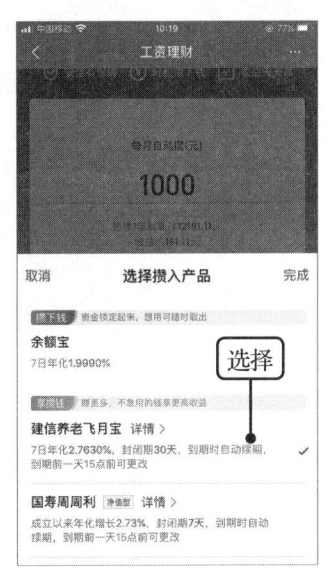

图 3-19　选择攒入产品

从图中可以看到，"攒下钱"即将资金转入余额宝并冻结，享受余额宝的收益，如需使用时，可进入工资理财中进行解冻后使用。"享攒钱"则是将资金转入理财产品中，不同的理财产品存在不同的封闭期，到期后可选择自动续期或自动赎回。

但是工资理财方案设置完成后并不是一成不变的，用户可以根据自己的实际情况修改理财计划。进入"工资理财"页面，点击自己的工资理财计划，进入工资理财详情页面，如 3-20 左图所示。

在页面上方点击"管理"按钮，在页面下方弹出的菜单中选择"修改"选项，如 3-20 右图所示。（如果需要关闭工资理财计划，选择"终止"选项，根据页面提示即可完成）

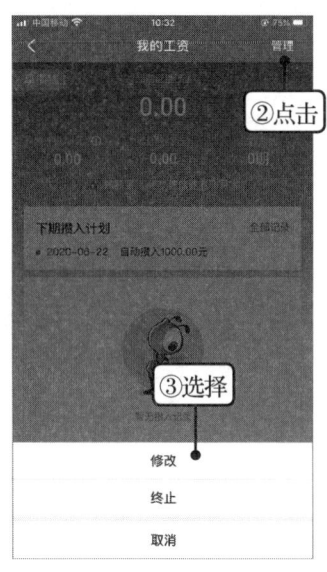

图 3-20 选择"修改"选项

进入修改计划页面，在页面中重新设置工资理财计划，再点击"确认修改"按钮，输入支付密码并点击"确定"按钮即可，如图 3-21 所示。

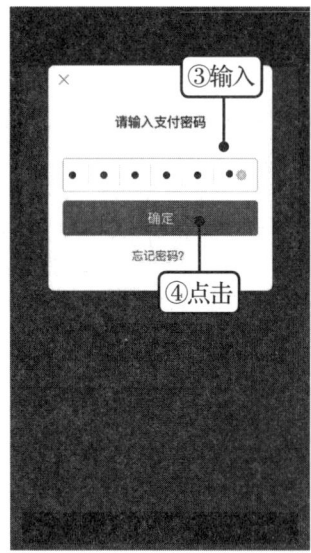

图 3-21 修改计划

3.2.5 闲钱多赚：稳放获益

闲钱多赚是支付宝针对余额宝用户推出的一款理财产品，可以帮助用户将一些长期闲置的资金做一些定投类的理财投资，收益比余额宝更高。

闲钱多赚实际上是一款定投类的理财产品，有封闭期，期限包括30天、60天以及365天等，封闭期内不可取，到期后可自动续期，从而帮助投资者不间断地继续管理闲钱。起投资金为1 000元，适合有一些小额积蓄的上班族。

进入余额宝页面，在页面中点击"闲钱多赚"按钮，如3-22左图所示。进入"闲钱多赚"页面，在页面中输入投入的金额和设置稳放的时间，确认产品信息，再点击"同意协议并买入"按钮，如3-22右图所示。再根据页面提示输入支付密码即可。

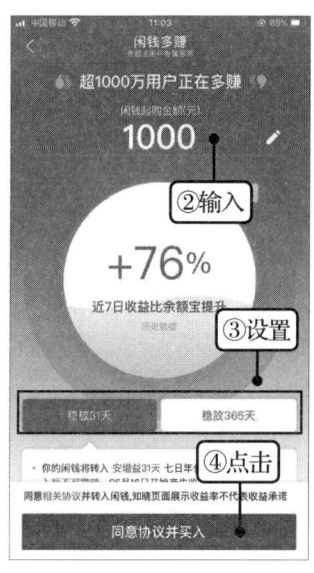

图 3-22 闲钱多赚理财

需要注意的是，这里的"闲钱"指的是用户在余额宝中持续闲置一个月以上，且大于1 000元的资金。

余额宝和闲钱多赚，可以分别理解为活期存款和定期存款，所以闲钱多赚中的收益会高于余额宝。但是闲钱多赚要求到期才能退出，因此也就失去了资金的灵活性。

因此，如果用户的余额宝中经常会有部分闲置的小额资金，那么可以考虑"闲钱多赚"，以获得更高的收益。

职场理财

第 4 章

信用卡理财，做卡的主人而非卡奴

信用卡是一把双刃剑，用好了可以给持卡人创造更多的机会和价值，如果用不好，则会增加持卡人的压力和负担，最终沦为信用卡卡奴。因此，我们要认清信用卡是工具，一定不要被这一工具左右，应结合自身条件，理性用卡，才能不沦为卡奴。

4.1 使用之前先全方位认识

迄今，大部分的人对信用卡的看法仍褒贬不一，有的人认为它是很好的金融工具，可以帮助持卡人解决燃眉之急，但有的人则认为它会摧毁人的意志，让持卡人深陷财务危机。但是信用卡作为金融工具本身是没有错的，只要合理安排，理性消费，就可以发现其中的便利。在此之前，我们首先全方位认识一下它。

4.1.1 信用卡的功能大全

信用卡也被称为贷记卡，它是由商业银行或信用卡公司对信用合格的消费者发行的信用证明。持有信用卡的消费者可以到特约商业服务部门购物或消费，再由银行同商户和持卡人进行结算，持卡人可以在规定额度内透支。

简单来看，信用卡似乎就是利用信用借贷消费，但其实信用卡的功能还远不止如此，它的功能非常全面，具体如表4-1所示。

表4-1 信用卡的功能

功 能	内 容
购物消费	购物消费是信用卡最基础的功能之一，持卡人可以在受理信用卡的商业机构或网点凭卡消费
汇兑结算	持卡人身处异地或异国时，可以借助信用卡汇款的方式，实现资金的调动流转、结算

续表

功　能	内　　容
转账结算	信用卡具有转账结算功能，方便持卡人与商场或网点的购销活动。转账等同于预借现金（取现），可在 ATM 机将资金转入任意一家银行的银联卡中（不限本人名下），也可以通过网上银行、手机银行、电话等方式转账到本人名下的银行借记卡中
个人信用	持卡人通过使用信用卡，可以在金融机构中积累个人的信用额度
循环授信	随着信用卡的使用时间不断增加，持卡人的信用度也可以不断累积提高
提取现金	信用卡取现是信用卡本身固有的功能之一，持卡人可以使用信用卡向银行提取现金，信用卡取现主要包括透支取现和溢缴款取现两种方式。透支取现的额度根据持卡人用卡情况设定，最高不超过持卡人信用额度的 50%，每人每卡 ATM 取现每日限额 2 000 元。信用卡取现除须交付取现手续费外，境内外透支取现还须支付利息，有些银行的信用卡持有者可以享受免息待遇；溢缴款取现是持卡人将存放在卡内的资金或还款时多缴的资金取出。溢缴款可自动增加主卡的可用额度，但不增加附属卡的可用额度
分期付款	信用卡分期付款指持卡人使用信用卡进行大额消费时，由银行向商户一次性支付持卡人所购商品（或服务）的消费资金，然后让持卡人分期向银行还款并支付手续费的过程。银行会根据持卡人的申请，将消费资金和手续费分期通过持卡人信用卡账户扣收，持卡人按照每月入账金额进行偿还。分期付款减轻了持卡人一次性支付大额资金的压力
小额信贷	信用卡提供信用贷款服务，不需要抵押即可完成，该功能主要是解决传统银行无法服务的低端客户的金融服务问题。服务对象为低端客户（包括有生产能力的贫困人口和微型企业）。因为服务对象的特殊性，所以无须抵押

4.1.2　如何选择适合自己的信用卡类型

信用卡的种类有很多，常常令人眼花缭乱。虽然使用信用卡的人很多，但真正清楚信用卡类型的人却不多。信用卡主要有7种分类方式，具体如下：

◆ 按照发卡机构的不同进行划分

按照发卡机构的不同进行划分，可分为银行卡和非银行卡。

银行卡指的是银行发行的信用卡，持卡人可在发卡银行的特约商户购物消费，也可以在发卡行的所有分支机构或设有自动柜员机的地方随时提取现金。

非银行卡又可以具体分为零售信用卡和旅游娱乐卡。零售信用卡是商业机构发行的信用卡，如百货公司、石油公司等，专用于在指定商店购物或在汽油站加油等，并定期结账。旅游娱乐卡是服务业发行的信用卡，如航空公司、旅游公司等，用于购票、用餐、住宿和娱乐等。

◆ 按照发卡对象的不同进行划分

按发卡对象的不同，可分为公司卡和个人卡。

公司卡的发行对象为各类工商企业、科研教育等事业单位、国家党政机关、部队及团体等法人组织。

个人卡的发行对象则为城乡居民个人，包括工人、干部、教师、科技工作者、个体经营户以及其他成年的、有稳定收入来源的城乡居民。个人卡是以个人的名义申领并由其承担用卡的一切责任的信用卡。

◆ 根据持卡人的信誉、地位等资信情况的不同进行划分

根据持卡人的信誉、地位等资信情况的不同进行划分，可分为普通卡、金卡、白金卡、无限卡和黑卡等。

普通卡是对经济实力和信誉、地位一般的持卡人发行的，对持卡人各种要求并不高。

金卡比普通卡高级，发卡对象为信用度较高、偿还能力较强的人。授信额度比普通卡高，附加服务项目及范围也较宽，因而对相关服务的费用和免年费的要求也比普通卡高。

白金卡是发卡机构区别于金卡和普通卡客户推出的高级信用卡，并提供比金卡更高端的服务与权益。白金卡客户可享有白金电话专线服务，其授信额度可达 10 万元至数十万元。

无限卡是银行对高端人群推出的信用卡，一般都是采取邀请办卡的方式。因为门槛高，所以申卡人需要提供大量的资产证明。无限卡的额度并非没有上限，只是授信额度很高。

黑卡，这种卡不接受申请，由银行主动邀请顶级客户办理，黑卡的授信额度是最高的。

◆ 根据清偿方式的不同进行划分

根据清偿方式的不同进行划分，可以分为贷记卡和准贷记卡。

贷记卡是发卡银行提供银行信用款，持卡人先透支使用，然后再还款或分期付款的卡。也就是说允许持卡人在信用卡账户上先消费后还款。

准贷记卡是银行发行的一种先存款后消费的信用卡。持卡人在申领信用卡时，需要事先在发卡银行存有一定的款项以备用。持卡人在用卡时需要以存款余额为依据，一般不允许透支。

◆ 根据信用卡流通范围的不同进行划分

根据信用卡流通范围的不同进行划分，可以分为国际卡和地区卡。国际卡是一种可以在发行国以外地区使用的信用卡。地区卡是一种只能在发行国国内或一定区域内使用的信用卡。

◆ 按照信用卡账户数目进行划分

按照信用卡账户数目进行划分,可以分为单币卡、双币卡和全币种卡。

银联单标卡、外币单标卡结算使用单一币种,如人民币或美元结算的就叫单币卡。

双币信用卡是一种双币种卡,常见的双币组合有美元和人民币、欧元和人民币、日元和人民币等。在国内刷卡用人民币结算,在境外刷卡消费时需要走不同的结算通道。

全币种卡指支持多个国家货币刷卡消费的信用卡品种。全币种信用卡持卡人在境外消费时,所有的外币交易都自动按照汇率变为人民币入账,持卡人只需以人民币还款,没有货币转换费。

◆ 按信用卡的特色功能划分

按信用卡的特色功能划分,可分为各种主题卡、学生卡、购物卡、女性卡、汽车卡和运动卡等。

面对这么多的信用卡类型,我们应该如何选择呢?可以结合自身的实际消费情况来进行选择,具体从以下几个方面入手:

还款方式。选择还款方式方便的卡可以使信用卡使用起来更加方便、快捷,所以可以选择与工资卡相同银行的信用卡。另外,现在微信、支付宝等App都支持信用卡还款,也非常便捷,所以也可以事先查看这些App支持哪些银行的信用卡再办理。

从用途上来选择办什么类型的卡。不同用途的信用卡优惠程度也不同,因此我们办理时要充分考虑信用卡的实用性。例如,开车频率高的,可以办理汽车卡,享受加油、洗车方面的打折优惠。

查看信用卡额度。信用卡额度最好能够符合自己的基本需要,避免办理多张信用卡。

4.1.3 信用卡还款是重中之重

使用了信用卡之后,最为重要的就是还款。一方面如果持卡者按期还款,保持良好的信用记录,可以提高持卡人的信用额度。另一方面,如果持卡人还款逾期会给自己带来各种麻烦。因此,在使用信用卡之前,我们必须要了解清楚信用卡还款的相关事项。

(1)信用卡信用额度和可用额度

信用卡信用额度是信用卡发卡机构授予持卡人的最高透支额度,而可用额度指的是信用卡当前可以使用的额度。一般情况下,可用额度就是银行授予的信用额度减去当前已经使用的额度。

已经使用的额度包含尚未偿还的欠款和已发生交易金额两种。每次消费或取现后,可用额度会相应减少,但每次还款之后用户的可用额度便会相应恢复。

(2)信用卡的账单日、还款日和免息还款期

发卡银行每月会定期对持卡人的信用卡账户当期发生的各项交易、费用等进行汇总结算,并结计利息,计算当期总欠款金额和最小还款额,并为持卡人发送对账单。这里的"定期"即为信用卡的账单日。

还款日一般指最后还款日,发卡银行规定的持卡人应该偿还其全部应还款或最低还款额的最后日期称为最后还款日。

免息还款期,指持卡人购物消费时,从银行记账日起到还款日之间的日期。

(3)本期应还额与最低还款额

本期应还额指的是持卡人使用信用卡本期应该偿还的总金额,即免息

期内的所有消费额度。最低还款额指发卡银行规定持卡人当期应该偿还的最低金额。虽然进行最低还款与全额还款都不会影响持卡人的征信，但是如果选择最低还款，那么持卡人需要支付高昂的利息。

（4）超限费、滞纳金和溢缴款

持卡人在一个账单周期内，累计使用的信用额度在账单日当天超过该卡实际核准的信用额度时，账户内所有的应付款项不享受免息还款期待遇，持卡人须对超额部分按一定比例缴纳超限费。

持卡人在信用卡到期还款日实际还款额低于最低还款额时，最低还款额未还部分要支付滞纳金。滞纳金的比例由中国人民银行统一规定，为最低还款额未还部分的5%。但各家银行的政策不同，所设的最低额度也不相同。

4.2 积分换"礼物"，不拿白不拿

信用卡积分是银行给予持卡人消费的消费回馈，持卡人只要消费满某一额度，银行就会给予相应的积分。持卡人可以使用积分兑换商品，甚至还可以抵扣现金，非常划算。

但是有的持卡人并不重视积分的兑换，或者是认为积分兑换手续麻烦，使积分逐渐被遗忘，殊不知，这样会使持卡人丢失一笔财富。

4.2.1 信用卡积分有什么用

我们知道信用卡积分可以兑换商品，但是这个对积分用途的认知比较笼统，实际上信用卡积分有非常多经济实惠的用处。

◆ 积分抵扣信用卡年费

信用卡都是有年费的，根据银行不同、信用卡的种类和级别的不同，年费也不同的。但是大部分银行的年费政策差别不大，一般标准信用卡普卡年费在 100 元左右，而金卡年费一般为 200 元或 300 元。单币卡年费较双币卡更低，附属卡年费一般对应主卡年费减半。

很多银行都有信用卡积分抵扣年费的政策，例如中信易卡小白金卡，首年 480 元年费不能免，第二年可以用 6 万积分抵扣年费。

◆ 信用卡积分兑换礼品

银行会推出使用信用卡积分兑换超值商品的活动，商品种类较多，可以满足多种需求。图 4-1 所示为农业银行的部分积分可兑换商品。

图 4-1 积分可兑换商品

◆ 积分换取航空里程

除了部分银行与航空公司发行的各种联名信用卡外，各大银行的普通信用卡都可以用积分兑换航空里程。信用卡积分兑换的航空里程以公里为单位，1航空里程指1公里。对于经常乘坐飞机的人来说，积分换里程非常划算。图4-2所示为农业银行信用卡积分换里程页面。

图4-2 积分换里程页面

◆ 积分兑换刷卡金

部分银行的信用卡积分可以兑换相应的刷卡金，持卡人可以在合作商户处直接消费使用。但是，并非所有的信用卡积分都能兑换刷卡金，可以说大部分信用卡都不能用积分兑换刷卡金，只有小部分卡种可以。

例如，广发淘宝联名信用卡是广发银行与支付宝、淘宝网联合发行的信用卡，网购有积分，刷卡消费直接累计集分宝，每消费5元累计1个集分宝，100个集分宝价值1元，但不累计广发积分。

综上所述可以看到，信用卡积分的用处非常多，不仅可以兑换商品，还能兑换消费金以及航空里程。如果持卡人能够充分利用积分，可以给自己的生活带来更多的实惠。

4.2.2 信用卡的积分计算法

既然信用卡积分有这么多的优惠,那么我们的信用卡积分是怎么来的,又是怎么计算的呢?

信用卡积分的获取主要包括 3 个方面,分别是消费积分、取现积分和积分合并。消费积分即持卡人通过信用卡购物消费后取得的积分;取现积分指持卡人用信用卡取现后取得的积分,大部分的信用卡取现是没有积分的,只有少数信用卡有;积分合并指将持卡人名下的多张信用卡积分做合并,以便兑换相应的商品。

不同的银行其信用卡的积分规则有所不同,但是大体上来看差别不大。

首先,在消费积分方面,消费积分分为人民币消费积分和外币消费积分。在人民币消费积分中,除了招商银行按 20 元人民币 =1 分计算外,其余银行均按照 1 元人民币 =1 分等额计算。但是在外币消费积分中,以美元、欧元为例,每家银行都有自己不同的积分算法。

其次,从取现积分上来看,通常取现、购房、购车、批发以及网上交易等没有积分。但中国银行特别规定购车每 100 元人民币积 8 分,购房每 100 元人民币积 6 分;华夏银行购房、购车类消费给予 10% 累计积分,单笔不超过 2 000 分;批发类商户消费给予 50% 累计积分,单笔不超过 2 000 分。

最后,在积分合并上,不同的银行要求也不同,有的可以将持卡人名下的多张信用卡积分进行合并,但有的只能是主卡与附属卡积分合并。

下面针对各大银行的信用卡积分计算做一个简单的统计,如表 4-2 所示。

表 4-2 各大银行的信用卡积分计算

银　行	消费积分	取现积分	积分合并	有效期
工商银行	1元人民币=1分；1美元=8分；1欧元=10分等	无积分；购房、购车、批发及网上交易等交易不积分	同一客户在同一地区办理的不同卡片之间积分可以合并	两年，大部分是无限期的
农业银行	1元人民币=1分；1美元=8分	无积分；购房、购车、就医、批发等不积分	同一持卡人名下的多张卡积分不可合并；主卡及附属卡积分可以合并	永久有效
建设银行	1元人民币=1分；1美元=10分	无积分；购房、购车及批发等交易不积分	同一主卡持卡人名下的多张信用卡积分可合并；主卡及附属卡积分可合并	永久有效
光大银行	1元人民币=1分；1美元=8分	无积分；购房、购车、批发及网上交易等交易不积分	同一持卡人名下的多张信用卡积分可合并	5年
中国银行	1元人民币=1分；1美元=8分	无积分；购车每100元人民币积8分，购房每100元人民币积6分	同一持卡人名下的中银系列卡积分可合并使用；同一持卡人名下的长城国际卡积分可合并使用；主卡及附属卡的分数合并在主卡账户中使用	中银系列信用卡两年，长城人民币卡积分长期有效
交通银行	1元人民币=1分；1美元=8分	无积分；购房、购车、批发等交易不积分	同一主卡持卡人名下的多张信用卡积分可合并；联名卡不可与非联名卡积分合并；不同种类的联名卡积分不可合并	至少一年，最长两年

续表

银　　行	消费积分	取现积分	积分合并	有效期
招商银行	20元人民币=1分；2美元=1分	20元积1分；购房、购车、批发等交易不积分	同一持卡人名下的多张信用卡积分可合并；主卡和附属卡积分可合并；如持卡人同时拥有个人卡及公务卡，个人卡及公务卡积分不可合并	永久有效
华夏银行	1元人民币=1分；1美元=7分	无积分；购房、购车类消费给予10%累计积分，单笔不超过2 000分；批发类商户消费给予50%累计积分，单笔不超过2 000分；在医院、学校等场所的消费不积分	同一持卡人不同户头下积分可合并；主卡及附属卡的积分可合并	永久有效

注：表格内资料数据来源于信息网，数据仅供参考

4.2.3　快速提高信用卡积分的妙招

通过前面的介绍，我们已经知道了信用卡积分的好处，那么怎么才能快速提升信用卡的积分呢？

◆　第一步，选择银行

为了使积分能够最大限度被利用，我们在办理信用卡之初就要选择好信用卡的办理银行。首先尽量选择积分有效期为永久有效的银行，避免积分失效而造成浪费。其次，选择消费积分高的银行，1元人民币1分比20元人民币1分更划算。

◆ 第二步，化零为整

持卡人应充分了解信用卡的积分规则，化零为整，集中消费，以便提高积分。以民生银行为例，民生银行单笔超过 5 000 元，可得 30 000 积分。

◆ 第三步，掌握时机

为了留住信用卡客户，同时吸引更多的信用卡新客户，银行常常会推出各类积分活动，例如"刷卡双倍积分""参与活动送积分"和"刷卡抽奖"等，参与这种积分活动可以迅速地把积分攒起来。

另外，有的持卡人在生日月或生日当天消费，积分可能会出现双倍、3 倍或 4 倍增长。

◆ 第四步，办理附属卡

附属卡的积分和主卡积分是算在一起的，所以如果遇到节假日积分活动时使用不同的卡消费，可以得到不同的积分回馈，将这些积分累积到一起，可以快速提高积分。

需要注意的是，积分只是作为信用卡消费后的额外馈赠，我们可以最大限度地去合理利用，但不能为了积分而过度消费。

4.3 理财，挖掘信用卡的最大价值

虽然很多人都在使用信用卡，但却并不是所有人都充分地运用了信用卡，挖掘出了最大的使用价值，因为许多人在使用信用卡时，仅仅将其视为具有信用透支功能的支付工具。实际上，信用卡自身的循环授信功能以及各种权益，可以使其成为一款理财工具，帮助持卡人更好地管理自己的资金。

4.3.1 借助信用卡免息期，让钱生钱

信用卡免息期指的是信用卡对非现金交易，从银行记账日起，到本次消费的单日账单生成后还款的期间，只要全额还清当期对账单上的本期应还金额，持卡人不需要缴纳利息。

例如，一张信用卡的银行记账日是每月的 20 号，到期还款日是每月的 15 号。那么，如果在本月 20 号刷卡消费，到下月 15 号还款，就享有了 25 天的免息期（按 1 个月 30 天计算）。这样一来，我们便可以充分借助信用卡的免息期，让钱生钱，获取更多的收益。

又比如，在当月 19 日消费了一笔 3 万元的大额支出，如果用储蓄卡来支付，那么 3 万元就直接转给商家。但是，如果用信用卡来支付，那么只需要在下个月 15 号还款即可，不用支付任何利息。同时，持卡人还可以利用这 3 万元做 25 天的短期理财投资，赚取收益。虽然本金是银行的，但是收益却是自己的。如果按 7% 的年化收益率来计算，3 万元 25 天可以获得近 143 元的收益。

既然免息期这么好，那么能不能想办法延长免息时间呢？实际上，银行有最长的免息期，这与持卡人消费的日期有关。如果持卡人选择在账单日当天或者后一天再去进行刷卡消费，这样这笔消费就可以计入下一期账单，而两个免息期叠加起来，持卡人可以享受到长达 50 天的免息期。

像工商银行、招商银行、交通银行、中国银行和广发银行等都是在账单日当天消费就会计入下一期账单。而像农业银行、中信银行和民生银行等在账单日当天消费还是计入本期账单的，所以使用这些银行的信用卡时，想要享受超长免息期，得在账单日后再进行消费。

沿用上述案例，如果持卡人在当月 20 号消费 3 万元，那么账单则在次月的 20 号生成，在下一个月的 15 号还款，那么持卡人就可以享受到 55 天

的免息期。3万元55天按7%的年化收益率来计算，可以获得316元的收益。

表4-3所示为各大银行的免息期。

表4-3　各大银行的免息期

银　　行	免息期规定
工商银行	还款方式是按卡还款，免息期为25天，没有宽限期
农业银行	还款方式为按卡还款，免息期为25天，宽限期为2个自然日
中国银行	还款方式是按卡还款，免息期是20天，宽限期为2个自然日，其中白金卡为9个自然日
建设银行	还款方式是按卡还款，免息期是20天，宽限期为5个自然日
招商银行	还款方式是按户还款，免息期是18天，宽限期为3个自然日
交通银行	还款方式是按卡还款，免息期是25天，宽限期为3个自然日
光大银行	还款方式是按卡还款，免息期是19天，宽限期为3个自然日
民生银行	还款方式是按户还款，免息期是20天，宽限期为3个自然日

尤其需要注意的是，持卡人除了需要计算好最长免息期之外，更重要的是要记住还款时间，按时还款，避免逾期而影响个人征信。

4.3.2　信用卡贷款，解决短期资金问题

信用卡贷款是指银行根据信用卡持卡人的资信状况给予一定的额度，持卡人可以利用信用卡进行刷卡消费，就好比无担保小额贷款一样，它实际上是一种信用卡转账借款业务。信用卡贷款申请通过审核之后，银行会把信用卡的额度转至借记卡上，持卡人按照当时双方约定的期限和额度偿还贷款，并且支付相应的手续费。信用卡贷款的偿还方式分为一次性还本和分期偿还两种方式。

在融资贷款方面，信用卡的成本比较低，可以帮助持卡人解决短期资

金问题，图4-3所示为各种融资方式的利率比较。

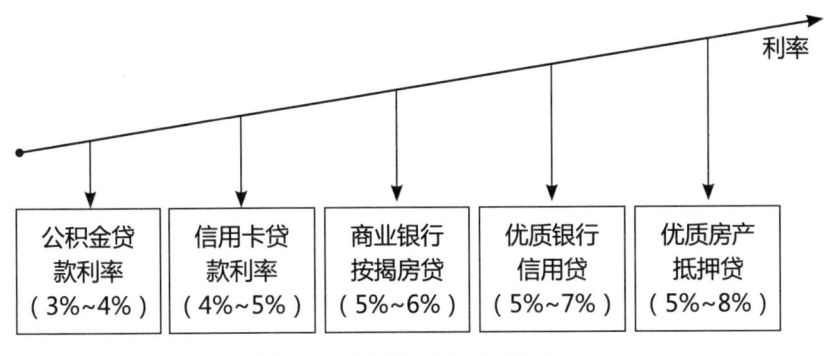

```
                                                          利率
                                                          →
     ↓           ↓           ↓           ↓           ↓
┌─────────┐ ┌─────────┐ ┌─────────┐ ┌─────────┐ ┌─────────┐
│ 公积金贷 │ │ 信用卡贷 │ │ 商业银行 │ │ 优质银行 │ │ 优质房产 │
│ 款利率   │ │ 款利率   │ │ 按揭房贷 │ │ 信用贷   │ │ 抵押贷   │
│(3%~4%)  │ │(4%~5%)  │ │(5%~6%)  │ │(5%~7%)  │ │(5%~8%)  │
└─────────┘ └─────────┘ └─────────┘ └─────────┘ └─────────┘
```

图4-3　各种融资方式利率比较

信用卡的小额贷款审核并不严，只要持卡人信用良好，且有偿还贷款的能力，都可以申请信用卡贷款。而且信用卡贷款的类型有很多，不同的银行有不同的贷款种类，以农业银行来说，它主要包括6种类型，具体如下所示。

- ◆ **现金分期**：农业银行对其信用卡持卡人申请支取并划至其指定收款账户的资金提供分期偿还服务的业务。

- ◆ **账单分期**：金穗贷记卡账单分期付款业务是指农业银行根据持卡人的申请，对其已出账单的一定消费金额提供分期偿还服务的业务。

- ◆ **消费分期**：消费分期业务，是根据持卡人的申请，对其已发生且未出账单的消费交易提供分期偿还服务的业务。

- ◆ **汽车分期**：信用卡贷款买车是银行推出的一种信用卡分期业务。持卡人可申请的信用额度一般为2万元~20万元；分期有12个月、24个月和36个月3类；信用分期购车0利率，银行只收取手续费，不同分期的手续费率不同。

- ◆ **商户分期**：农业银行信用卡持卡人在农业银行分期合作商户购买商品或服务后，以分期交易方式消费，并按期进行偿还的业务。

- **网上分期**：农业银行信用卡持卡人在农业银行网上合作商户购物时，可选择将购买的商品或服务的总价平均分成 3 期、6 期或 12 期等若干期数（月）分期支付，并通过网络使用农业银行信用卡完成即时支付，持卡人再根据信用卡账单按时向银行偿还每期（月）款项。

信用卡借贷业务并不适合长期贷款，更适合短期缺乏资金的人使用。所以申请到信用卡转账借款之后，可以分期付款，但借款人需要注意的是，分期越长利率就越高。

4.3.3　活用附加权益，提高生活质量

银行为了鼓励客户积极办理和使用信用卡，通常会向信用卡客户赠送一些权益服务。这些权益服务往往涉及我们生活的方方面面，灵活使用可以提升我们的生活质量，降低生活成本。

不同的银行、不同的信用卡种类给予的权益服务是不同的，以农业银行为例，为信用卡用户提供了下列一些服务，如表 4-4 所示。

表 4-4　农业银行的信用卡权益服务

服　　务	内　　容
专家健康咨询	提供保健和常见健康问题咨询以及专科医疗机构推荐服务
贵宾预约及陪同服务	每年为部分信用卡客户免费提供三次专家预约挂号和全程陪同就诊服务，提供取号、划价、取药和协助交费等服务，提高客户的就医质量和效率
专业体检套餐包	每年为尊然白金信用卡客户免费提供一次尊贵专业（常规/特色）体检套餐，并为客户收集个人医学指标，对重大疾病进行风险评估，提出预防性管理和健康促进指导建议；同时为客户建立电子健康档案，便于随时查询

续表

服务	内容
公共交通工具意外险	只要使用私人银行绿钻信用卡、白金信用卡（尊然白金卡和银联品牌航空联名白金卡），刷卡支付客户和同行配偶、子女的全额公共交通工具票款或80%以上（含）的旅行团费，无须事先办理任何手续，即可免费获得高额保险
航空意外险	无须申请办理，只需申领指定信用卡，开卡首刷后即可免费获得金卡每年最高200万元、普卡每年最高50万元的航空意外保障服务
96小时盗失险	当持卡人信用卡丢失、被窃、被抢夺或抢劫，在向农业银行挂失后，保险公司将在保险责任范围内赔付持卡人信用卡挂失前96小时内所发生的盗用损失
道路救援	不论是自驾车、租车驾驶或作为乘客，如客户所处的车辆发生意外事故，只需拨打农业银行白金贵宾服务专线，即免费提供不限次的路边快修、拖车、困境救援和医疗援助等全方位的紧急救援服务，服务覆盖全国30多个省市近1 000个城市，全年24小时无休，让客户随时随地一路畅行天下
机场贵宾	可在农业银行签约的覆盖全国30多个省、市的近50家机场贵宾室，全年免费无限次使用机场贵宾室服务
优越金融	在农行遍布全国多达万家的金钥匙理财中心、金钥匙贵宾室及金钥匙贵宾窗口，凭指定白金卡即可享受贵宾优先通道服务，优先办理各类金融业务，还可专享积分换年费、服务费用减免等多项优越金融服务

4.4 信用卡额度并非越高越好

用户在办理信用卡时，银行会根据个人征信和还贷能力授信不同的额度。

所以很多人认为，信用卡额度高一方面是对自己经济实力的肯定，另一方面也能扩大信用卡使用的范围，消费受限小。但是，信用卡额度并不是越高越好的。

额度高意味着负债也高，可能会增加还债的压力。我们要明白，信用卡是信贷工具，也是银行赚钱的利器，如果持卡人没有自控能力，盲目追求高额卡，可能使自己陷入信用卡危机中。

4.4.1 根据自己的经济实力办理额度适中的信用卡

不同资质的客户，银行审批的信用卡额度是不同的。我们在办理信用卡之前需要了解银行信用卡额度是怎么审批的，银行从哪些维度来考察持卡人的资质。

一般来说，用户申请信用卡之后，银行会从年龄、职业、收入水平、资产、婚姻状况以及住房等方面，综合考虑持卡人的信用，然后给予信用卡额度，具体如下。

年龄情况。中年人的经济实力更强，偿债能力更强，收入也更稳定。

婚姻状况。已婚客户比单身客户的稳定性更强，授信额度更高。

学历情况。文化程度越高的客户，其信用评级越高。

职业情况。从事稳定性高的职业的持卡人信用评级更高，包括公务员、医生和教师等。

收入水平。个人收入稳定、高，且有发展性的客户，授信额度更高。

信用记录。客户在银行有良好的信用记录，没有逾期记录，授信额度会更高。

固定资产。客户拥有固定资产，可以证明其经济实力，从而可获得高额授信。

了解了信用卡授信的影响因素之后，我们还要考虑自己适合的信用卡额度，过高的额度会增加我们的困扰，过低的信用卡额度也会给正常使用带来不便。那么，怎么才能根据自己的经济实力办理到额度适中的信用卡呢？

首先我们要计算出适合自己的信用卡额度是多少。我们的信用卡额度一方面要能够满足持卡人基本的透支消费需求，所以不能过低；另一方面，还要保证持卡人能够按时归还，透支的额度在自己的还款能力范围以内，所以不能过高。此时，可以引入下列计算公式。

个人信用卡总额度 = 月可支配收入 ÷ 最低还款比例

月可支配收入是当月所有收入中扣除了刚性支出之后的可用于自由支配的部分，最低还款比例通常为10%。

例如，某持卡人的月收入为8 000元，每月可支配收入大概5 000元，其中3 000元用于偿还房贷，那么最适合他的信用卡额度为50 000元（5 000÷10%）。

信用卡的授信额度通常由银行审核决定，持卡人自己不能做主，但我们需要从信用卡的总额上对信用卡额度进行管理，即持卡人持有的单张信用卡总额不能超过个人信用卡总额度。

4.4.2 信用卡的永久提额与临时提额

在信用卡的额度提升中常常会接触到永久提额与临时提额这两种提额方式。既然都是提升信用卡的额度，二者之间有没有区别呢？实际上，我们从名词上即可理解，永久提额指提额成功后永久保留的信用卡额度；临时提额指短时间内有效的提额。

从提额难度上来看，临时提额远远小于永久提额。临时提额主要有两种方式：一种是银行主动给持卡人提额，一般在消费旺季或节假日银行可能会主动给持卡人临时提升额度；另一种是持卡人主动向银行申请提高临时额度，一般可以通过银行的网点、客服电话、官微或银行 App 等渠道申请。

关于信用卡的临时提额要注意以下几个问题，避免因为临时提额而使自己陷入财务危机中，如图 4-4 所示。

时间问题	临时提额属于临时性的提额，有时间限制，一般是 1~2 个月，到期后额度会自动恢复成原来的信用额度。如果持卡人不注意时间问题，有可能使自己出现爆卡的情况
还款时间	提升临时额度之后，持卡人实际使用超过原有额度的超额部分，将被计入下期对账单的最低还款额中。持卡人在还款时需要一次性还清超过固定额度部分，以免逾期产生不良记录
分期问题	临时额度部分是不能办理分期的，因此，持卡人在使用时要注意，超过了原有额度的临时提额部分需要一次性还款，不能办理分期还款
附属卡的额度	附属信用卡的额度由主卡持卡人设定，附属信用卡持有人不能申请额度调整。如果主卡人已限制了附属卡的信用额度，那么调高临时信用额度后，不会改变已限制的附属卡额度。如果主卡人没有对附属卡的信用额度做单独限制，那么调高主卡临时信用额度时，附属卡的信用额度也会随之提升

图 4-4 临时提额的注意事项

临时提额与永久提额除了时间上的区别之外，还存在很多其他差异。

①在申请时间方面，临时提额比永久提额更短。虽然各大银行申请提额的时间不同，但是基本上对于临时提额，持卡人办理信用卡满 3 个月就能申请临时提额，而永久提额则需要满 6 个月才能够申请提额。

②在额度使用方面，临时提额的额度只能用于消费，不能提现，可以

满足短期内的大额消费需求。但永久提额的额度的使用规定与原有额度相同，既可以用于消费，也可以用于提现。

③在提升额度方面，临时提额的提升额度通常为现有额度的20%～50%，永久提额的提升额度则根据持卡人的消费水平、还款情况等确定。

4.4.3 快速提升信用卡额度的技巧

实际上，想要快速提高信用卡的额度并不难，只要持卡人平时养成良好的信用卡使用习惯，从细节入手，按时还款，避免逾期失信，自然可以提升信用卡的额度。具体来看，持卡人可以从以下几个方面入手：

◆ 刷卡次数

高频的消费是提升信用卡额度的有效方法，尤其是一个月20～30笔的小额高频消费，如果持卡人有高频的消费行为，则会被认定为优质客户而提升信用卡额度。然而有每月刷卡1～2笔的大额低频消费行为的持卡人，会被认定为套现客户。

◆ 消费额度

每月产生的消费额度应该在信用卡总额的30%以上，这样可以表明持卡人对于信用卡的使用比较频繁，且对银行的忠诚度高。银行会根据持卡人对信用卡的利用率和还款记录来对额度进行调整。

◆ 多元化消费

持卡人应注意信用卡消费多元化，尽可能地在多种的类型商户处消费，例如商场、酒店、餐厅以及超市等，证明持卡人的信用卡在生活中的应用非常广泛且全面。

◆ 出国旅游多使用

如果是双币型信用卡，在出国旅游时最好在境外多使用这张信用卡消费，这样可以让银行看到持卡人的生活需求，从而给信用卡提升额度。

4.5 信用卡自由分期付款

信用卡分期付款指持卡人使用信用卡进行大额消费时，由银行向商户一次性支付持卡人所购商品（或服务）的消费资金，然后让持卡人分期向银行还款的过程。分期付款确实可以大幅降低持卡人的还款压力，但是对于分期付款的利弊，我们应该从辩证的角度来看，全面考虑。

4.5.1 信用卡分期付款的利弊分析

目前，银行和商家都纷纷推出了信用卡分期付款的业务，持卡人通过信用卡支付之后，可以以分期的方式还款，这样既降低了持卡人的还款压力，也达到了刺激持卡人消费的目的。具体来看，分期付款的优势如下。

①分期付款的方式使持卡人的资金周转更方便，尤其是在突发性的大额消费面前，这种灵活的支付方式可以缓解持卡人资金短缺带来的问题，持卡人不需要承受较高的经济压力就能一次性完成大额支付。

②有助于提升信用卡额度，持卡人在使用信用卡消费的过程中经常分期消费，为银行创造了利润，银行也会在信用额度上回馈客户。

③分期付款的方式属于超前消费，使持卡人先享受后付款，更能使持卡人感受到愉悦。

④控制好还款时间和额度，就更便于持卡人管理自己的资金，进行合理理财，获得投资收益。

这样看来，分期付款确实百利而无一害，事实上确实如此吗？当然不是。分期付款的弊端主要包括以下4点。

①高额的手续费用。虽然很多银行都宣传分期付款没有利息，但是却需要高额的手续费用。虽然每个银行的信用卡分期付款手续费都不同，但是都会根据期数而递进。比如中国银行信用卡分期手续费，3期为1.95%、6期为3.6%、9期为4.5%、12期为7.5%。分期的期数越多，所需承担的费用也就越高，长期使用则会累积成一笔巨额支出。

②提前还款的手续费。信用卡账单确定分期之后，提前还款，手续费用也不会减免。

③额度问题。信用卡的额度是固定的，持卡人选择了账单分期，就会减少信用卡中的可用额度。

④消费习惯问题。分期付款可能会助长持卡人不理性消费的问题，使其不计后果地进行冲动性消费，形成不良的消费习惯。

总的来看，信用卡分期付款是一把双刃剑，它有利，当然也有弊，使用的关键就在于持卡者能不能克制住自己，避免盲目冲动消费，因为一旦持卡人分期的商品过多，就会面临无尽的还款问题。

所以，信用卡分期利大于弊，还是弊大于利，仁者见仁智者见智。如果持卡人有足够的资金来支付，就不要办理信用卡分期，没有必要支付多余的手续费。但如果持卡人想要为信用卡提额，想要通过信用卡分期来缓解自己的经济压力，也可以办理信用卡分期。

4.5.2 信用卡分期付款的方式

基本上所有的银行都有信用卡分期付款业务，分期付款根据地点的不同可分为商场分期，通过网络、邮寄等方式进行的"邮购分期"与账单分期。

◆ 商场分期

商场分期指持卡人在可以进行分期的"商场"进行购物，在结账时，持该商场支持分期的信用卡进行分期付款。收银员将会按照持卡人要求的期数（如3期、6期、12期等，少数商场支持24期），在专门的POS机上刷卡。

商场分期一般3期免手续费，但6期和12期需要手续费用，且各银行收费标准不同。分期付款的商品只要是该商场正常销售的商品，一般均可以进行分期。在很多情况下，持卡人还可以将多个商品捆绑在一起结账，然后进行分期。

◆ 邮购分期

邮购分期指持卡人收到发卡银行寄送的分期邮购目录手册（或者进入银行的网上分期商城），从限定的商品当中进行选择。然后通过网上分期商城订购、打电话或者传真邮购分期申请表等方式向银行进行分期邮购。

需要注意的是，邮购分期一般无论期数多少均不收手续费。但由于订购周期较长，通常超过15个工作日才能拿到商品，且退换货相对烦琐，所以建议购买前多进行比较。

◆ 账单分期

账单分期属于最简单方便的一种分期方式，用户只要在刷卡消费之后且每月账单派出之前，通过电话等方式向发卡银行提出分期申请即可。但是，各银行都会规定一些特例，如带有投机性质的刷卡是无法办理分期的。所以在进行分期之前，一定要仔细阅读分期手册。

但是，账单分期是不能免手续费的，且分期数越多手续费越高，而且全部要由持卡人自己承担。

表4-5所示为各大银行的分期费率情况（仅供参考）。

表 4-5 各大银行的分期费率情况

银行	3 期	6 期	9 期	12 期	18 期	24 期
中国银行	1.95%	3.6%	5.4%	7.5%	11.7%	15.0%
工商银行	1.65%	3.6%	5.4%	7.2%	11.7%	15.6%
农业银行	1.80%	3.6%	5.4%	7.2%		14.4%
建设银行	2.25%	4.2%		7.2%	10.8%	14.88%
招商银行	2.7%	4.05%		7.92%	12.24%	16.32%
交通银行	2.16%	4.32%	6.48%	8.64%	12.96%	17.28%
平安银行	2.1%	4.08%	5.94%	14.4%		
中信银行	2.4%	4.8%	6.84%	8.76%	13.5%	18.0%
光大银行	2.65%	4.65%	6.45%	8.85%		
民生银行	2.46%	4.2%	6.03%	8.04%	12.06%	16.8%
广发银行		4.2%		8.04%	12.96%	17.28%
兴业银行	2.4%	3.9%		7.8%	11.7%	15.6%

4.5.3 你恐怕对信用卡分期存在误解

很多信用卡持卡人虽然听说过分期业务，但是对其了解不深，因此很容易陷入对分期付款的误解中，从而导致了对资金的错误规划。比较常见的有以下误解。

误解一：分期的额度

很多持卡人对信用卡分期的额度存在误解，认为分期的额度由自己决定，自己想分期多少就分期多少。实际上不是，很多银行对信用卡分期的具体额度都有规定，要求持卡人不得超过规定额度。

以招商银行为例，银行规定账单分期的金额不得超过本期新增消费的90%，同时还必须低于固定额度的80%。所以持卡人在分期之前要明确银行规定的分期额度。

误解二：分期手续费用计算

很多持卡人对分期的手续费用计算存在误解，以6期费率3.6%为例，认为费率为本金的3.6%，但是在分期还款的过程中，持卡人所占用的银行资金逐渐减少，但手续费不会逐渐降低，还是以本金总额计算，并非以还款后的剩余本金计算。

假如持卡人刷卡购买了一套家具，花费20 000元，之后申请了12期分期还款。根据银行规定，每期需要按照消费总金额的0.6%来缴纳分期付款的手续费。那么，在还款计划中，她每期需要支付本金1 667元和手续费120元（即20 000×0.6%）。这样持卡人每期共需还款1787元，12期还款总额为21 444元。

误解三：透支取现不能分期

透支取现后实际上也能分期还款，许多银行都有透支取现分期业务，例如平安银行、华夏银行等。关于透支取现的资金能不能分期偿还的问题持卡人可以直接咨询信用卡服务中心。

职场理财

第 5 章

债券理财，安全性更高更适合小白

对于风险把控能力低，投资风险承受能力低，以及投资管理能力低的投资小白来说，低风险、稳定性强、操作简单的债券投资，无疑是闲置资金的最好归宿。

5.1 债券投资之前充分认识

在进行债券投资之前,我们需要对债券的相关知识有一个充分的认识,了解债券投资的特点以及优势,以便在债券投资中快速作出投资决策。

5.1.1 债券的基础知识掌握

债券是政府、企业及银行等债务人为筹集资金,按照法定程序发行并向债权人承诺于指定日期还本付息的有价证券。

在进行债券投资之前我们需要了解债券的基本要素,这是明确债权人和债务人权利与义务的关键,非常重要,具体如表 5-1 所示。

表 5-1 债券的基本要素

要 素	内 容
债券面值	债券面值是指债券的票面价值,是发行人对债券持有人在债券到期后应偿还的本金数额,也是企业、银行或政府向债券持有人按期支付利息的计算依据。债券的面值与债券实际的发行价格并不一定是一致的,发行价格大于面值称为溢价发行,小于面值称为折价发行,等价发行称为平价发行
偿还期限	债券偿还期是指债券上载明的偿还债券本金的期限,即债券发行日至到期日之间的时间间隔
付息期	债券的付息期是指发行债券后的利息支付的时间。它可以是到期一次支付,或1年、半年或者3个月支付一次。到期一次付息的债券,其利息通常是按单利计算的;年内分期付息的债券,其利息是按复利计算的

续表

要　素	内　容
票面利率	债券的票面利率是指债券利息与债券面值的比率，是发行人承诺以后一定时期内支付给债券持有人报酬的计算标准
发行人名称	发行人名称指明债券的债务主体，为债权人到期追回本金和利息提供依据

债券作为一种理财工具广受投资者青睐的原因主要有以下 3 点。

安全性高。债券与其他理财工具相比安全性更高，首先债券有固定的利率，与企业的经营绩效没有直接联系，收益比较稳定，风险较小。其次，对于政府发行的债券，债券的本金和利息是政府担保的，风险较低。另外，即便在企业破产的时候，债券持有者对企业剩余财产的索取权优先于股票持有者，这对债券投资者的权益进行了保障。

债券的流动性强。虽然债券有封闭期，但是债券可以在交易市场中随时卖出，自由买卖，具有较好的流动性。

债券的收益性。债券投资可以为投资者带来收益，这种收益分为 3 种形式：一是投资债券可以给投资者定期或不定期地带来利息收入；二是投资者可以利用债券价格的变动，买卖债券赚取差额；三是投资债券所获现金流量再投资的利息收入。

5.1.2 债券的品种介绍

根据不同的划分方式，可以将债券分为不同的类型，具体如下所示。

◆ 按照债券的发行主体进行划分

按照债券的发行主体进行划分，可以将债券分为政府债券、金融债券和企业债券。

①政府债券指政府为筹集资金而发行的债券，主要包括国债、地方政府债券等，其中最主要的是国债。国债信誉好、利率优、风险小，又被称为"金边债券"。除了政府部门直接发行的债券外，有些国家把政府担保的债券也划归为政府债券体系，称为政府保证债券。这种债券由一些与政府有直接关系的公司或金融机构发行，并由政府提供担保。

②金融债券是由银行和非银行金融机构发行的债券。在我国金融债券主要由国家开发银行、进出口银行等政策性银行发行。金融机构有雄厚的资金实力，信用度较高，因此金融债券往往有良好的信誉。

③企业债券指由企业发行的债券，在我国企业债券分为企业债券和公司债券。企业债券是按照《企业债券管理条例》规定发行与交易、由国家发展与改革委员会监督管理的债券，在实际中，其发债主体为中央政府部门所属机构、国有独资企业或国有控股企业，因此在很大程度上体现了政府信用；公司债券管理机构为中国证券监督管理委员会，发债主体为按照《中华人民共和国公司法》设立的公司法人，在实践中，发行主体为上市公司，信用保障是发债公司的资产质量、经营状况、盈利水平和持续盈利能力等。

◆ 按照债券的形态划分

按照债券的形态划分，可以将其分为实物债券、凭证式债券和记账式债券。实物债券是一种具有标准格式的实物券面债券；凭证式债券是指国家采取不印刷实物券，而用填制"国库券收款凭证"的方式发行的国债；记账式债券指没有实物形态的票券，以电脑记账方式记录债权，通过证券交易所的交易系统发行和交易。

◆ 按照债券是否可转换划分

按照债券是否可转换划分，可以将其分为可转换债券和不可转换债券。

可转换债券是指在特定时期内可以按某一固定的比例转换成普通股的债券，它具有债务与权益双重属性，属于一种混合型筹资方式；不可转换债券是指不能转换为普通股的债券，又称为普通债券，由于其没有赋予债券持有人将来成为公司股东的权利，所以其利率一般高于可转换债券。

◆ 按照债券的付息方式进行划分

按照债券的付息方式进行划分，可以将其分为零息债券、定息债券和浮息债券。零息债券，也叫贴现债券，是指债券券面上不附有息票，在票面上不规定利率，发行时按规定的折扣率，以低于债券面值的价格发行，到期按面值支付本息的债券；固定利率债券是将利率印在票面上并按期向债券持有人支付利息的债券，该利率不随市场利率的变化而调整，因而固定利率债券可以较好地抵御通货紧缩风险；浮息债券的息票率随市场利率变动而调整。

5.1.3 债券的收益率计算法

任何投资的目的都是获取收益，债券自然也是如此。与其他的投资一样，债券投资收益也用到期收益率来表示，也就是指债券收益与投资者投入的本金之比，一般用年率表示。

债券收益与债券的利息不同，因为投资者在债券持有期内，可以在二级市场上进行债券买卖，所以债券收益除利息收入外，还包括买卖差价。为了精确衡量债券收益，通常使用债券收益率这个指标，决定债券收益率的主要因素有债券的票面利率、期限、面额和购买价格。最基本的债券收益率计算公式如下。

债券收益率＝（到期本息和－发行价格）÷（发行价格×偿还期限）×100%

由于债券持有人可能在债券偿还期内转让债券，因此，债券的收益率还可以分为债券出售者的收益率、债券购买者的收益率和债券持有期间的收益率。各自的计算公式如下：

债券出售者的收益率=（卖出价格－发行价格＋持有期间的利息）÷（发行价格×持有年限）×100%

债券购买者的收益率=（到期本息和－买入价格）÷（买入价格×剩余期限）×100%

债券持有期间的收益率=（卖出价格－买入价格＋持有期间的利息）÷（买入价格×持有年限）×100%

例如，某投资者2017年1月1日以102元的价格购买了一张面值为100元、利率为10%、每年1月1日支付一次利息的2015年发行的3年期国库券，并持有到2018年1月1日到期，则债券投资收益率计算如下。

债券购买者的收益率=[（100+100×10%－102）÷102×1]×100%=7.8%

债券出售者的收益率=（102－100+100×10%×2）÷（100×2）×100%=11%

除了投资者自行计算之外，现在很多的金融投资网都提供了收益率计算功能，投资者只需要输入关键数值即可得到结果。

下面以东方财富网为例进行介绍。

案例实操

在东方财富网中计算债券收益

进入东方财富网首页，在页面上方导航栏中单击"债券"超链接，如图5-1所示。

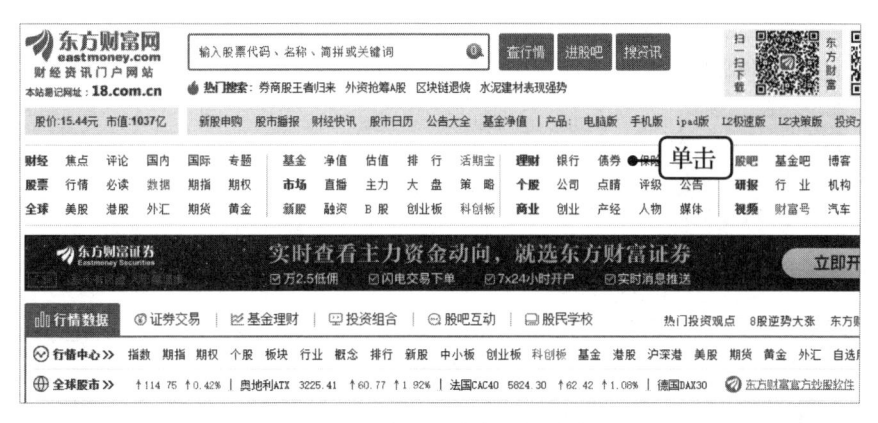

图 5-1　单击"债券"超链接

在打开的页面中找到"债券头条"版块,然后单击"债券计算器"超链接,如图 5-2 所示。

图 5-2　单击"债券计算器"超链接

进入债券收益计算页面,在左侧计算方式中选择需要的计算器类型,然后在右侧的页面中选择计算种类,输入债券面值、买入价格、到期时间以及票面年利率,再单击"计算"按钮,最后在下方的计算结果栏中查看收益计算结果,如图 5-3 所示。

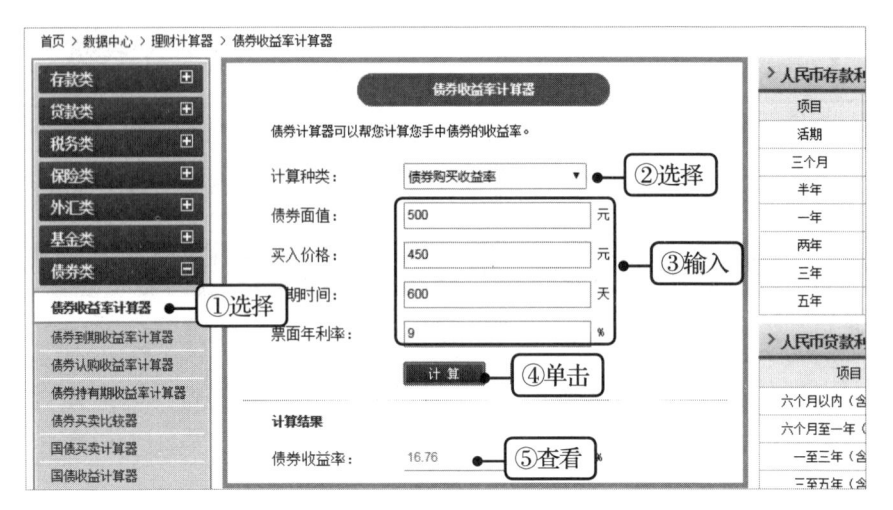

图 5-3　计算债券的收益率

除了案例中提到的东方财富网之外，投资者还可以在和讯网和新浪财经网等金融网站中计算债券的收益率。债券收益计算涉及的公式较多，投资者自行计算的过程中容易出错，所以可以借助计算器工具轻松计算。

5.2 债券投资交易的方法

对债券有了一定的了解之后，接下来还需要对债券的购买交易进行简单了解。债券交易虽然涉及的内容很多，但并不复杂。

5.2.1　债券投资的基本流程

债券交易按照交易地点划分可以分为场内交易和场外交易两种。

（1）场内债券交易

场内交易也被称为交易所交易，交易的所有程序都是经证券交易所立法规定的，并且各个步骤明确、严格。债券的场内交易程序包括 5 个步骤：开户、委托、成交、清算和交割、过户，具体如表 5-2 所示。

表 5-2 债券场内交易的 5 个程序

程 序	内 容
开户	债券投资者要进入证券交易所参与债券交易，必须先选择一家可靠的证券经纪公司，并在该公司办理开户手续。首先，与证券公司订立开户合同；其次，开立账户。在我国，上海证券交易所允许开立的账户有现金账户和证券账户，现金账户只能用来买进债券并通过该账户支付买进债券的价款，证券账户只能用来交割债券
委托	投资者想要买进、卖出债券时，还必须与证券公司办理证券交易委托关系。投资者与证券公司的办事机构联系、发出委托，证券公司接到委托后，按照投资者的委托指令，填写"委托单"，将投资交易债券的种类、数量、价格、开户类型和交割方式等一一载明，并将"委托单"及时送达证券公司在交易所中的驻场人员，由驻场人员负责执行委托
成交	证券公司在接受投资客户委托并填写委托说明书后，就要由其驻场人员在交易所内迅速执行委托，促使债券成交。无论是买方，还是卖方，都需要遵循"三先"原则，即价格优先，时间优先，客户委托优先。价格优先指证券公司按照最有利于投资委托人的利益的价格买进或卖出债券；时间优先指在遇到相同的价格申报时，应该与最早提出该价格的一方成交；客户委托优先主要是要求证券公司在自营买卖和代理买卖之间，首先进行代理买卖
清算和交割	债券交易成立以后就必须进行券款的交付，即买方需要支付现金，卖方需要交出债券，这就是债券的清算和交割。其中，债券的清算是指对同一证券公司在同一交割日的同一种债券的买和卖进行相互抵销，确定出应当交割的债券数量和应当交割的价款数额，然后按照"净额交收"原则办理债券和价款的交割。而债券的交割就是将债券由卖方交给买方，将价款由买方交给卖方

续表

程　序	内　容
过户	过户是指将债券的所有权从卖方名下转移到买方名下。在办理交割手续时，买方需要携带个人资料，到证券公司的过户机构进行过户，卖方需要提供过户通知书并盖章，而买方需要提供印章盖章

（2）场外债券交易

场外债券交易就是指在证券交易所以外的证券公司柜台进行的债券交易，场外交易又包括自营买卖和代理买卖两种。

◆ 自营买卖债券的交易程序

场外自营买卖债券是指由投资者个人作为债券买卖的一方，由证券公司作为债券买卖的另一方，其交易价格由证券公司自己挂牌确定的债券交易方式。自营买卖的交易程序比较简单，具体如下所示。

①买入、卖出者根据证券公司的挂牌价格，填写申请单。申请单上载明债券的种类以及买入或卖出的数量。

②证券公司按照买入、卖出者申请的券种和数量，根据挂牌价格开出成交单。成交单的内容包括交易日期、成交债券名称、单价、数量、总金额、票面金额、客户的姓名和地址、证券公司的名称和地址、经办人姓名以及业务公章等，必要时还要登记卖出者的身份证号码。

③证券公司按照成交规则，向客户交付债券或现金，完成交易。

◆ 代理买卖债券的交易程序

在场外代理买卖债券的过程中，投资者个人委托证券公司代其买卖债券，证券公司仅作为中介而不参与买卖业务，交易价格由委托买卖的双方分别报价，达成一致后形成。场外代理买卖债券的交易程序如下。

①委托人填写委托书。内容包括委托人的姓名和地址，委托买卖债券的种类、数量和价格，委托日期和期限等。委托的卖方要交验身份证。

②提交委托书。委托人将填好的委托书交给委托的证券公司，其中买方需要缴纳一定的保证金，卖方需要交出相应的债券，证券公司开具临时票据。

③挂牌。证券公司根据委托人的买入或卖出委托书上的基本要素，分别为买卖双方挂牌。

④交易原则。买卖双方为一对一交易，可通过双方讨价还价，促使债券成交；如果买方、卖方为多人，则根据"价格优先，时间优先"的原则，顺序办理交易。

⑤填写成交单。债券成交后，证券公司填写具体的成交单，内容包括成交日期、买卖双方的姓名、地址及交易机构名称、经办人姓名和业务公章等。

⑥交易完成。买卖双方接到成交单后，分别交出价款和债券。证券公司收回临时收据，扣收代理手续费，办理清算交割手续，完成交易。

虽然场外交易和场内交易都可以完成债券投资交易，但是对于投资新手来说，选择场外交易会更方便一些，例如在一些证券公司的官网或柜台上交易。

5.2.2 债券网上轻松购

如今网购已经普及了，非常方便快捷，除了日常的购物消费之外，债券交易也能通过网络轻松实现。投资者可以在金融投资网或者银行的官网上完成债券交易。

下面以工商银行为例，介绍债券的购买。

案例实操

从工商银行购买债券

首先，进入工商银行官网，单击"个人网上银行登录"按钮，如5-4左图所示。

然后在登录页面输入个人账号、登录密码和验证码等，输入完成后，再单击"登录"按钮，进入下一步操作，如5-4右图所示。

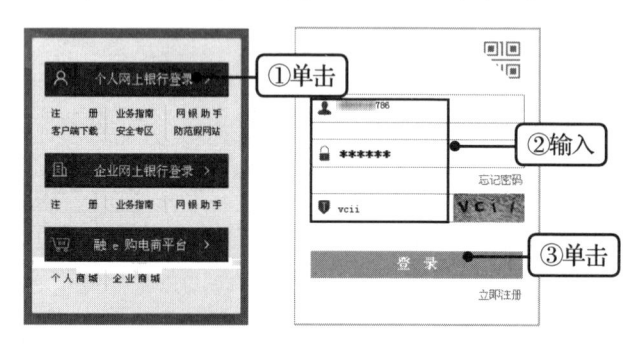

图5-4 登录账号

在紧接着打开的页面中单击"网上国债"超链接，进行国债的选择，此时将会出现"网上国债"窗口，选择"购买国债"选项，就可以对购买记账式国债、储蓄国债（凭证式）或储蓄国债（电子式）等做出选择，这里选择"记账式国债"选项，如图5-5所示。

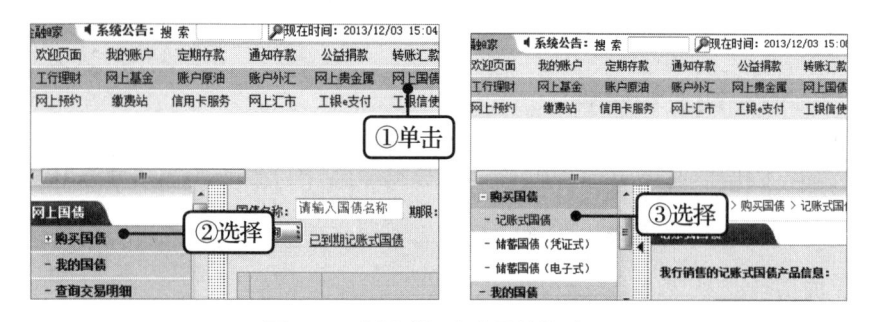

图5-5 选择"记账式国债"选项

此时将进入记账式国债的详情页面，在记账式国债的窗口中输入国债名称、期限和到期年限等，然后单击"查询"按钮。

此时将出现产品明细，包括具体的债券名称、债券期限、年利率和买入价等信息，最后单击"购买"超链接，进入下一步操作，如图5-6所示。

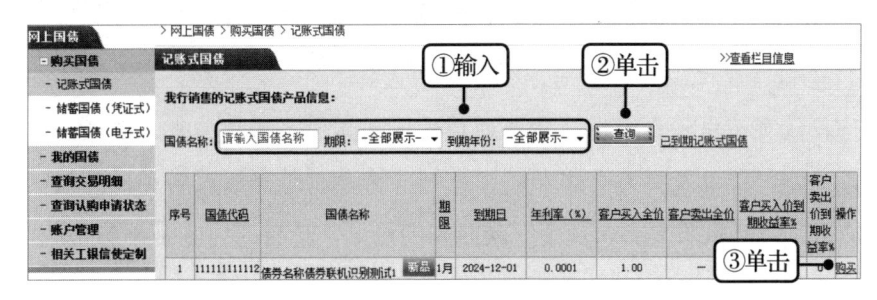

图5-6 查询并购买国债

此时进入债券购买页面，这里要求投资者先开户，则用户应先单击"开户"按钮，对新开立的账户进行确认，当所有选项都确认无误后，就可单击"确认"按钮，进入下一步操作，如图5-7所示。

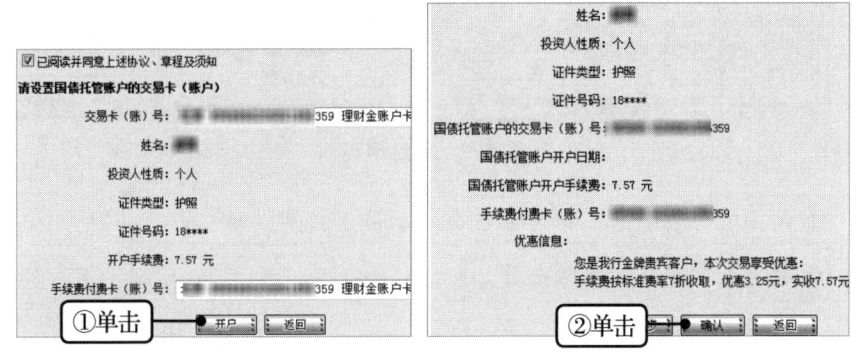

图5-7 确认信息

在接下来的页面中，投资者可单击"继续购买"按钮，进行下一步购买操作，如图5-8所示。

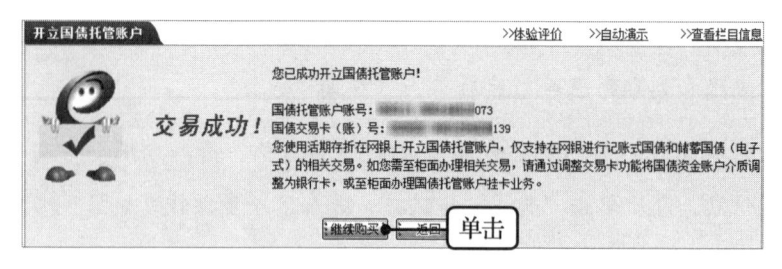

图 5-8 单击"继续购买"按钮

在该页面中将出现所选债券的详情，包括债券名称、账户余额、发行日期、发行价以及交易卡账号等，此时只需要投资者输入购买的总额，输入完成后，再依次单击"提交"按钮和"确定"按钮，如图 5-9 所示。

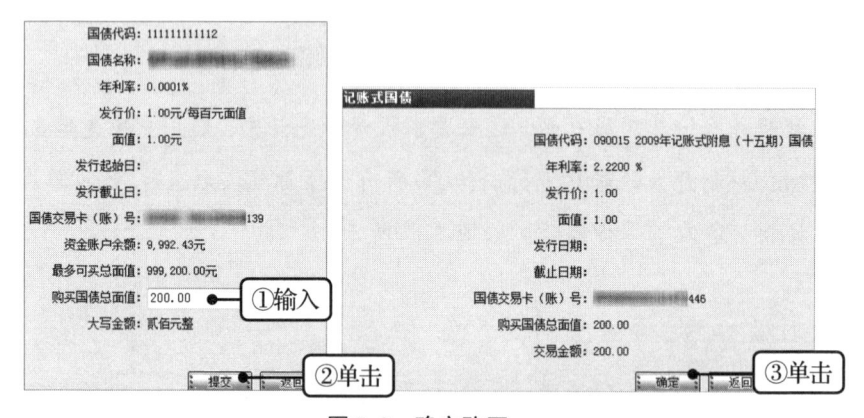

图 5-9 确定购买

当完成上一步骤后，此时系统会自动提示交易成功与否，如图 5-10 所示，最后单击"完成"按钮即可。

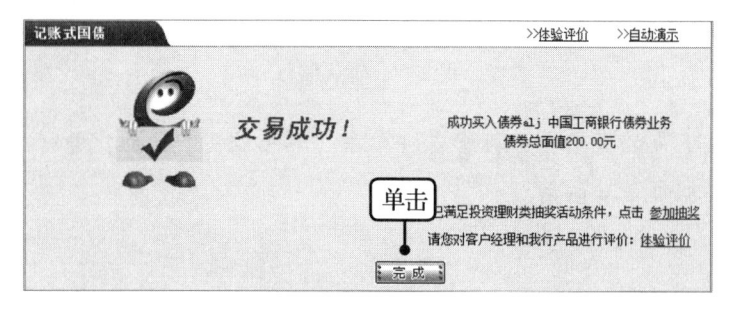

图 5-10 交易成功

到此为止，通过网银买入债券的步骤就已经介绍完成。如同银行存取款一样，一般我们会对债券交易情况以及余额进行查询，包括对相关买卖的交易程序进行查询，可以在网上买入后，也可以在购买一段时间后，或者在卖出后，查询相关的交易明细。查询操作相对简单，步骤与此类似，这里不再做详细的讲解。

5.3 债券的策略性投资技巧

债券投资属于收益稳定的低风险投资项目，但并不意味着债券投资不需要任何的策略与技巧。实际上，投资者如果有较为广泛的知识面，并掌握一定的投资技巧，在债券投资中更容易获得稳定的高收益。

5.3.1 投资之前选择好适合的债券品种

根据前面的介绍我们知道，债券的品种有很多，发行债券的单位不同，投资风险也就不同，投资价值自然也不同。投资者应该综合各种因素，选择出最适合自己，同时也最具有投资价值的债券品种。

投资者选择债券时应该从以下4个方面去考虑。

◆ 考虑债券的收益率

投资的最终目的是收益，因此投资者在投资之前有必要对债券的收益率进行比较，尽量选择收益率高的债券品种。一般在信用等级和投资期限相同的情况下，收益率越高的债券，越具有投资价值。

◆ 考虑债券的流动性

通常来说,债券的流动性越高,其最终收益率就越低,因此投资者要做好流动性与收益率之间的平衡,根据自己的资金情况、投资决策和目的,选择流动性和收益率适合的债券。

需要注意的是,投资者在选择债券时尽量选择排名靠前一些的债券,同时注意查看债券的成交量情况,拒绝一些流动性极差的债券。

◆ 考虑债券发行单位的信用级别

债券信用评级是以企业或经济主体发行的有价债券为对象进行的信用评级,因此债券信用级别的高低直接反映了发行单位的经济实力、支付能力、盈利能力和偿债能力,是一个综合和客观的评价。

信用级别高的单位发行的债券,投资风险更小;反之,投资风险较大。债券的信用等级标准从高到低可划分为:AAA级、AA级、A级、BBB级、BB级、B级、CCC级、CC级、C级和D级。前4个级别的债券信誉高,风险小,是"投资级债券",从第五级开始的债券信誉较低,属于"投机级债券"。

◆ 考虑债券的到期日

选择债券时还要考虑债券的到期日,购买日离到期日越近,投资者承受的利率风险也越小;反之,利率风险越大。

5.3.2 债券的保守投资法与积极投资法

投资者的债券投资方法可以分为保守投资法和积极投资法。保守投资法实际上指投资者购买债券后持有,到期领取本金和利息收益的投资法。而积极投资法则是指投资者购买债券后,通过主动预测市场利率的变化和走向，采取低买高卖方式赚取差价收益的投资方法。

两种方法都能为投资者带来收益，却存在一定差异，具体内容如下。

（1）保守投资法

保守投资法比较简单，投资者操作起来也没有难度，非常适合没有充足的时间和精力管理投资但却想要获得稳定收益的投资者。保守投资法具有以下3点优势。

①保守投资的收益是固定的，不受到市场行情变化的影响，能够有效规避价格风险，帮投资者获得稳定的投资收益。

②保守投资的操作简单，投资者持有到期，自动领取本息即可。

③保守投资的投资成本更低，相比积极投资，保守投资减少了中间的买进卖出环节，也就减少了不必要的手续费用支出。

（2）积极投资法

积极投资法是通过投资者主动预测利率变化来完成的，所以对投资者的要求更高。投资者需要能够准确预测市场利率的变化趋势以及变化幅度，从而准确判断出债券价格的变化，并从市场价格变化中取得差价收益。

但是这种投资法对利率变化预测的要求很高，因为利率除了受到整体经济状况的影响外，还受到通货膨胀、货币政策以及汇率变化的影响，这就为投资者的预测和判断增加了难度。

保守投资法与积极投资法的策略不同，也就造成了投资者在投资结果上的差异，具体如下所示。

投资收益的不同。保守投资得到的收益固定且稳定，但是相比积极投资法来说，可能更低。积极投资法在利率预估并判断准确的情况下，可以获得比保守投资更高的收益。

投资风险的不同。高收益代表了高风险，低收益则意味着低风险。采用积极投资法，投资者投资的投机性更强，风险更高；保守投资法中的投资风险较低，非常稳定。

投资成本的不同。积极投资法下的债券交易要收取高额的手续和管理费用，成本较高；保守投资法不需要支付买进卖出的手续费，故而成本低一些。

5.3.3 投资具有债性和股性的可转换债券

债券中有一类比较特殊的品种，即可转换债券，债券持有人可按照发行时约定的价格将债券转换成公司普通股票。如果投资者不想转换，可以继续持有债券，直到偿还期满收到本金和利息，或者在流通市场出售；如果投资者看好公司股票的增值潜力，可以行使转换权，按照预定转换价格将债券转换成股票。所以说，可转换债券既具债性又具股性，具体如下：

- ◆ 可转换债券的债性：同债券一样，可转换债券也规定了利率和期限，投资者可以持有到期收取本金和利息。

- ◆ 可转换债券的股性：可转换债券在转换成股票之前是纯粹的债券，但在转换之后，原债券持有人就由债权人变成了公司的股东，可参与企业的红利分配。

- ◆ 可转换债券的可转换性：可转换性是可转换债券的重要特性，债券持有人可以按约定的条件将债券转换成股票。转股权是可转债投资者享有的、一般债券所没有的选择权。可转换债券在发行时就明确约定，债券持有人可按照发行时约定的价格将债券转换成公司的普通股票。如果债券持有人不想转换，则可以继续持有债券，直到偿还期满时收取本金和利息，或者在流通市场出售变现。

鉴于可转换债券具有的债性和股性，可转换债券有了"下有保底，上不封顶"的特点。

案例实操

可转换债券"下有保底，上不封顶"

投资者买进了某上市公司发行的一款可转换债券，票面价格为100元，购买了100张，按照面值发售，合计10 000元。投资者持债一段时间后有权将债券转换成公司股票。

转股价格在发行时就已经确定为10元，投资者转股之后每张可转债可转10股（100÷10=10），10 000元合计可转1 000股（10×100=1 000）股票。

此时投资者手中持股1 000股，如果股市行情处于牛市，股价大涨，10元上涨至15元，那么投资者手中的可转换债券价值变为15 000元（1 000×15=15 000），理论上投资者手中100元一张的可转换债券价值提升为150元一张，可以得到5 000元的收益。

但如果股市处于熊市行情，股价大跌，10元跌至5元，那么投资者手中的可转换债券价值变为5 000元（1 000×5=5 000），直接缩水一半。这个时候投资者将可转换债券转换成股票必然使资金受损，所以可选择继续持有可转债，不转股，保留100元的面值，等债券到期的时候拿回自己的本金和利息。

这就是可转换债券"下有保底，上不封顶"的特点，简单来说，持有可转换债券的投资者一方面可以积极进攻，获取高利，另一方面也可以保守防御，抵御风险。

需要注意的是，可转换债券转换过程中涉及几个关键要素，投资者要引起重视。

有效期。可转换债券的有效期与其他债券相同，指的是债券从发行之日起至偿清本息之日的存续期间。

转换期限。转换期限指可转换债券转换成为普通股的起始日至结束日的期间。通常情况下，可转换债券都会规定一个特定的转换期限，在该期限内持债人可以自由地按照转换比例或转换价格，将债券转换成为发行单位的股票。我国《上市公司证券发行管理办法》规定，可转换公司债券的期限最短为1年，最长为6年，自发行结束之日起满6个月方可转换为公司股票。

转股期。转股期指可转债可以转换成股票的时间，每只可转换债券都有明确的规定，一般是可转债上市后半年。

转换比例。转换比例是指一定面额可转换债券可转换成普通股票的股数，公式如下：

转换比例 = 可转换债券面值 / 转换价格

转股价。转股价指可转换公司债券转换为每股股票所支付的价格，公式如下：

转换价格 = 可转换债券面值 / 转换比例

下调转股价条款。如果股市持续暴跌，上市公司为了促进债券转换为股票，有权下调转股价，这样就可以促使投资者转股了。

回售保护条款。回售是为了保护投资人的利益，就是如果正股价格下跌超过转股价下修条款规定的价格时，上市公司又不下调转股价的，那么可转债持有人有权利在回售期内把可转债以回售价格回售给公司。

强制赎回条款。为了维护发行人的利益，可转债一般都有强制赎回条款，例如 30 个交易日内，只要有 15 个交易日正股的股价大于转股价的 130%，那么发行人就可以按照一定价格将可转债赎回。

假设转股价是 10 元/股，只要正股的股价在连续 30 个交易日中，有 15 个交易日高于 13 元（10×130%），那么上市公司就可以强制赎回。假如当期年利率是 1%，计息天数是 73 天，那么赎回价格就是 100.2 元（100+100×1%×73÷365）。

显然 13 元/股时，股值大于债值，存在套利空间，但是持债人仍然不转股，这个时候就会触发强制赎回条款，可转债的发行人有权利以 100.2 元的价格强制赎回可转债。这个时候可转债持有人就只能马上转股，或者马上卖给别人，否则就会亏钱。

另外，可转换债券是一个比较复杂的投资品种，投资者应在投资之前了解相关的运作流程和交易规则，具体内容如下。

①可转债只有在转股期内才能转股。现在市场上交易的可转债转股期一般是可转债发行结束之日起 6 个月后至可转债到期日，期间任何一个交易日都可转股。

②可转债转股不需任何费用，所以在投资者的账户中，没有必要为转股准备多余的资金。

③特别注意可转债一般都有提前赎回条款。持有可转债的投资者要对此密切关注，当公司发出赎回公告后，要及时转股或直接卖出可转债，否则可能遭受巨大损失。

④申请转股的可转债总面值必须是 1 000 元的整数倍。申请转股最后得到的股份为整数股，当尾数不足 1 股时，公司将在转股日后的 5 个交易日内以现金兑付。

⑤可转换公司债券实行T+1交易。它的委托、交易、托管、转托管及行情揭示参照A股办理。

⑥可转换公司债券以面值100元为一报价单位，以面值1 000元为一交易单位，结算单位为张（即100元面值），价格升降单位为0.01元。

⑦可转换公司债券交易的集中开市时间与A股相同。

⑧可转换公司债券实行T+1交收，交易清算参照A股的现行清算办法办理。

⑨可转换公司债券在转换期结束前的10个交易日终止交易，在终止交易前一周由交易所予以公告。

⑩深交所按成交金额的0.1‰向可转换公司债券买卖双方征收交易经手费，同时债券买卖双方还须向所委托的债券交易商交纳佣金，佣金按成交金额的2‰计取。

职场理财

第 6 章

股票理财，薪水低也可以博高收益

股票算是金融投资领域中投资回报较高的一种投资工具，且其投资门槛较低，几千元甚至是千元以内就可以展开炒股计划，非常适合收入不高但却想要以较低投资成本博得高回报的投资者。

6.1 掌握股票知识，股票投资不盲目

很多炒股新手在炒股时做的第一件事便是看K线图，忙着追涨杀跌，但往往结果却是亏损连连，苦不堪言。理论知识是炒股投资的基础，如果理论知识空白，盲目入市，自然容易在股市中栽跟头。

6.1.1 股票类型一清二楚

股票是股份公司为筹集资金而发行给各个股东作为持股凭证并借以取得股息和红利的一种有价证券。投资者购买某公司的股票，成为该公司的股东，享受收益，同时也和公司一起承担风险。

股票按照不同的划分方式可以分为不同的类型，具体如下所示。

◆ 按照投资主体进行划分

按照投资主体进行划分，可以将股票类型分为国家股、法人股和个人股3种，虽然3种股票在权利义务上大致相同，但是在交易转让上却存在不同。国家股投资资金来自国家，不能转让；法人股投资资金来自企业，经批准同意后可转让；个人股投资资金来自个人，可以自由上市流通。

◆ 按照股东权益划分

按照股东权益划分可以将股票分为普通股和优先股。普通股是股市投资中投资者最常购买的一种，也是风险最大的一种。优先股是指享有优先

领取股息和优先得到清偿等优先权利，但股息是事先确定了的，不会因为公司盈利情况变化而改变的股票。

◆ 按照股票的发行范围划分

按照股票的发行范围进行划分可以将股票分为 A 股、B 股和 F 股。A 股是在我国国内发行，供国内居民和单位用人民币购买的普通股票，也是大部分国内投资者购买的股票。B 股是专供境外投资者在境内以外币买卖的特种普通股票；F 股是我国股份公司在海外发行上市流通的普通股票。

另外，我们查看股票时会发现每只股票都有专门的股票代码，如同身份证号码一样，投资者需要对股票代码进行简单了解。股票代码根据股票的不同，也做了不同的分类，具体如下：

①创业板的代码以 300 开头。

②沪市 A 股的代码是以 600、601 或 603 开头。

③沪市 B 股的代码是以 900 开头。

④深市 A 股的代码是以 000 开头。

⑤中小板的代码是 002 开头。

⑥深市 B 股的代码是以 200 开头。

⑦沪市新股申购的代码是以 730 开头。

⑧深市新股申购代码与深市股票买卖代码一样。

⑨配股代码，沪市以 700 开头，深市以 080 开头。

⑩权证，沪市是 580 开头，深市是 031 开头。

6.1.2 股票收益算法牢记于心

股票投资中投资者最关心的就是收益,查看自己是盈利还是亏损。股票收益计算非常简单,计算公式如下:

盈亏 = 卖出股票价格 × 数量 – 买入股票价格 × 数量 – 各项手续费用

计算结果为正,说明投资获益;计算结果为负,说明投资亏损。除了简单计算盈亏之外,还要计算该笔投资的收益率,判断收益率高低。计算公式如下:

收益率 =(卖出总金额 – 买入总金额)/ 买入总金额 ×100%

例如,投资者在8.5元/股的时候买入300股,在10元/股的时候卖出,判断投资者的盈亏情况(按照净值无手续费的情况计算),并计算投资者的收益率。

投资者盈亏:10×300–8.5×300=450(元)

投资者收益率:(10×300–8.5×300)÷(8.5×300)=17.6%

根据上面的公式介绍可以看到,股票投资涉及各项手续费用。手续费用属于投资成本的一部分,投资者需要对其进行详细了解。股票投资的手续费主要由以下几项组成:

- ◆ **印花税**:成交金额的1‰。2008年9月19日至今由向双边征收改为向出让方单边征收,受让者不再缴纳印花税。在上交所和深交所交易的股票均按实际成交金额的1‰缴纳印花税,此税收由券商代扣后再由交易所统一代缴。债券与基金交易均免交此项税收。
- ◆ **证管费**:成交金额的0.002%,双向收取。
- ◆ **证券交易经手费**:A股,按成交金额的0.00487%双向收取;B股,按成交额的0.00487%双向收取;基金,上海证券交易所按成交额的 0.0045％双边收取，深圳证券交易所按成交额的 0.00487％双向收取；权证，按成交额的 0.0045％双向收取。A 股证管费和证券交易经手费收费合计称为交易规费，合计收取成交金额的 0.00687％，包含在券商交易佣金中。

- ◆ **过户费**：这是指股票成交后，更换户名所需支付的费用。从 2015 年 8 月 1 日起已经更改为在上交所和深交所交易都进行收取，此费用按成交金额的 0.02‰ 收取。
- ◆ **券商交易佣金**：最高不超过成交金额的 3‰，最低 5 元，单笔交易佣金不满 5 元的按 5 元收取。

6.1.3 股票买卖交易过程

在股市炒股必然要清楚知道炒股流程，这样才能在股市中游刃有余。股市炒股分为 5 个步骤，具体如下所示。

- ◆ 开立账户

炒股之前股民需要开立账户，股民开立的账户分为两种：一是证券账户；二是资金账户。证券账户指证券登记结算机构为股民设立的，用于记载股民所持的证券种类、名称、数量及相应权益和变动情况的账户，是认定股东身份的重要凭证，具有证明股东身份的法律效力，同时也是投资者进行证券交易的先决条件。资金账户为股民进行证券交易的账户，是在证券公司开立的用于证券公司和银行之间进行资金流转的账户。

- ◆ 委托买卖

委托买卖股票又被称为代理买卖股票，指专营经纪人或兼营自营业务与经纪业务的证券商接受股民买进或卖出股票的委托，依照买卖双方各自提出的条件，代其买卖股票的交易活动。委托的方式有很多，包括电话委托、网上委托、传真委托、信函委托以及当面委托。

◆ 竞价成交

券商接受客户委托，填写委托书后，立即通知其在证券交易所的经纪人执行委托内容。由于要买进或卖出同种证券的客户都不只一家，所以他们通过双边拍卖的方式来成交。国内证券交易所内的双边拍卖形式主要采用计算机终端申报竞价的形式。

◆ 清算交割

清算交割分两个部分：一是指证券商与交易所之间的清算交割；二是指证券商与投资者之间的清算交割，双方在规定的时间内进行价款与证券的交收确认，即买入方付出价款、得到证券，卖出方付出证券、获得价款。

◆ 过户

股票过户指客户买进记名股票后到该记名股票所属上市公司办理变更股东名簿记载内容的行为。股票过户以后，股票的现持有人就成为该记名股票所属上市公司的股东，并享有股东权。不记名股票可以自由转让，记名股票的转让必须办理过户手续。在证券市场上流通的股票基本上都是记名股票，都应该办理过户手续。

6.1.4 股市投资必会的专业术语

作为股市小白一定要懂得炒股专业术语，这样在专家讲解分析时，以及与股友沟通交流时，才能够快速理解他们说的意思，而非懵懵懂懂，靠猜测来估计内容，仅靠猜测肯定会影响对股市投资的正常判断。

股市炒股术语有很多，下面介绍一些比较常见的股市术语，如表6-1所示。

表 6-1　股市术语

术　　语	内　　容
开盘价	当天第一笔成交的价格
收盘价	当天最后一笔成交的价格
最高／低价	当天所有成交价格中的最高／低价格
成交量	股票在交易日完成的交易股数
高开	开盘价比上一个交易日的收盘价高，但没有高过最高价
低开	开盘价低于上一个交易日的收盘价，但没有低于最低价
杀跌	指在股市下跌过程中抛售股票，使股价继续下跌
散户	单笔成交额小于 10 万元的投资者
庄家	股市中，资金实力很强的投资者
仓位	投资者持有股票的成本与投入总资金的比例关系
满仓	一般指将资金全部买成了股票，剩余资金不够再买 100 股当前股票了
半仓	将投入的资金 50% 用于买入股票
补仓	在后市看好的情况下，在现有持股的基础上再次购买该只股票
大盘股	一般指股本比较大、权重也大的股票，俗称大象
中小盘股	一般指股本比较小、权重也小的股票
吃货	指庄家在低价时暗中买进股票
出货	指庄家在高价时悄悄卖出股票
底部	股价长期趋势线的最低部分
跌破	股价冲过关卡向下突破成为跌破
多杀多	买入股票后又立即卖出股票的做法
反弹	在股市中，股价呈不断下跌趋势，终因股价下跌速度过快而反转回升到某一价位的调整现象
牛市	指市场行情普遍上涨且延续时间较长的大升市
熊市	指市场行情普遍看跌且持续时间较长的大跌市

6.2 炒股软件的了解与应用

工欲善其事，必先利其器。炒股也是如此，股市炒股离不开对炒股软件的运用。如果股民能够熟练使用炒股软件，巧妙结合炒股软件中的各项分析工具，可以使炒股事半功倍，行情研判更精准。因此，投资者有必要下载并使用一款专业的炒股软件。

6.2.1 热门的炒股软件有哪些

市场中的炒股软件有很多，且各个炒股软件有自己独特的优势，但是对大部分股民，尤其是新手股民来说，难以从专业的角度出发找到真正适合自己的炒股软件。那么下面我们来介绍一下市面上热门的炒股软件，分析其各自的优势，帮助投资者快速做选择。

◆ 东方财富网

东方财富网是国内比较知名的一个财经股票资讯网站，该网站为股民提供了非常丰富的财经讯息，方便股民查看分析。图6-1所示为东方财富官网首页。

图 6-1　东方财富网

而且该网站还推出手机软件版，实时对接 PC 端，数据丰富。另外，东方财富网还有一个特色功能，即股吧，可以让股民一边炒股，一边与吧友分享交流。

◆ 大智慧

大智慧是一套用来进行证券行情显示、行情分析、外汇及期货信息分析的超级证券软件，也是国内领先的互联网金融信息服务提供商，图 6-2 所示为大智慧官网首页。

图 6-2　大智慧官网首页

◆ 钱龙炒股软件

钱龙是国内历史悠久的知名证券软件品牌，也是我国最早的证券分析软件之一，因此钱龙是股民非常熟悉的软件，以至于后来出现的股票软件在界面和操作上都模仿了钱龙。图 6-3 所示为钱龙官网首页。

图 6-3　钱龙官网首页

◆ 通达信炒股软件

通达信给证券经营机构和广大投资者提供了独一无二、有效的证券投资分析系统，图6-4所示为通达信官网首页。

图6-4 通达信官网首页

6.2.2 通过炒股软件查看个股详情

投资者使用炒股软件时最重要的是利用炒股软件查看行情信息，包括个股信息、报价分析、财务分析以及智能选股等，这些信息都能在不同程度上帮助股民研判股市行情，判断股市走向。

下面我们以通达信炒股软件为例来介绍如何查询股市中的行情讯息。

进入通达信软件行情页面，虽然可以看到个股信息，例如涨幅、现价、涨跌、买价和卖价等，但是这些数据信息比较单一，难以帮助投资者作出趋势判断，因此，投资者还需要进一步查看个股详细信息。

以查看个股上海机场（600009）的信息为例，在打开的行业页面中双击该股名称"上海机场（600009）"，或者在页面中输入股票代码，进入该股日K线走势页面。在页面中单击"显隐行情信息"按钮展开该股当前的买卖盘口信息，如图6-5所示。

图 6-5　查看个股 K 线走势和买卖盘口信息

双击图中某日的 K 线，查看当天股价走势和成交信息，如图 6-6 所示。

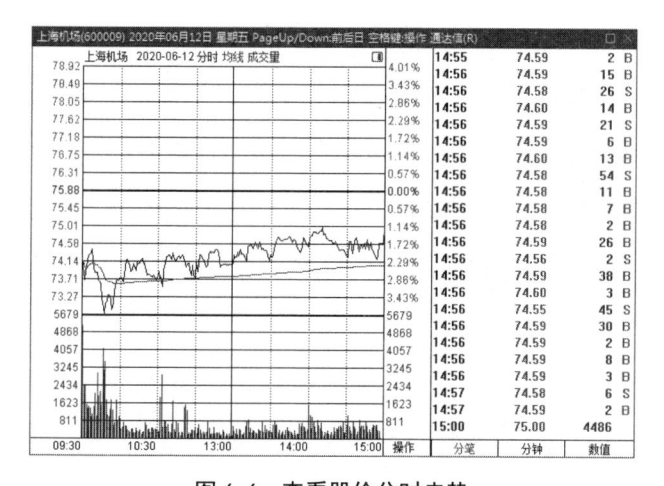

图 6-6　查看股价分时走势

返回 K 线走势页面，按【F10】键，进入个股的公司详情页面，在该页面中可以查看公司最新消息、公司概况、财务分析以及股本结构等信息，如图 6-7 所示。

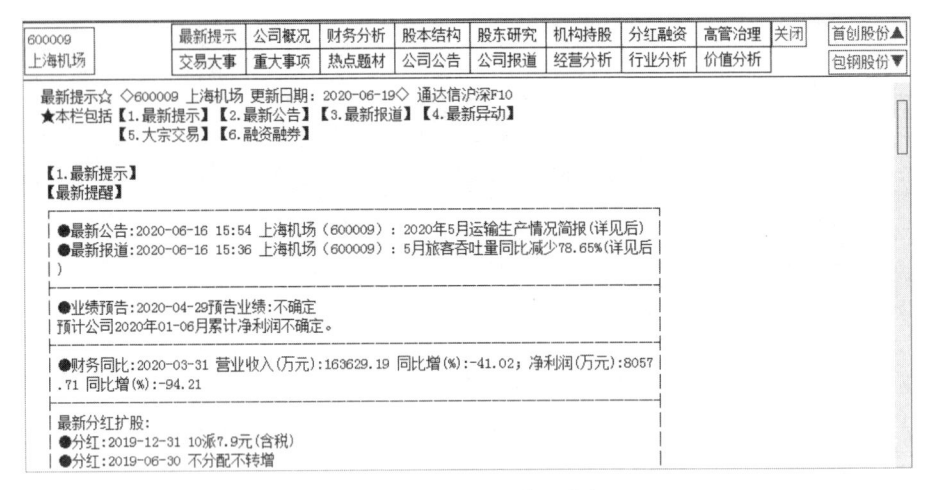

图 6-7 查看公司详细信息

6.2.3 添加各类技术指标辅助分析

除了查看个股单独信息之外，还可以在 K 线走势中添加技术指标，进一步帮助投资者研判股价的后市走势。

技术指标是依据一定的统计方法，运用一定的数学公式或数量模型，通过计算机系统生成的某种指标值或图形曲线。股市当中的技术指标非常多，且不同的指标具有不同的作用。按照不同的计算原理和反映内容，可大致分为趋向指标、反趋向指标、量价指标和压力支撑指标等，添加使用也非常简单。

有两种添加方法，第一种比较简单，如果股民知道技术指标的英文简称，直接在 K 线走势图页面中输入即可。

例如在上海机场（600009）K 线走势中添加移动均线 MA，直接在页面中输入字母"MA"，如图 6-8 所示。

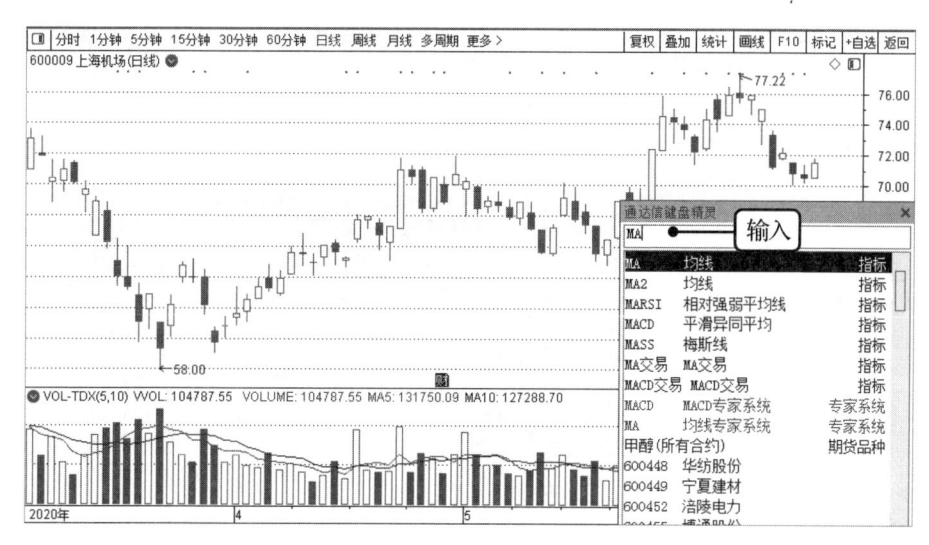

图 6-8 输入指标字母

然后在键盘上按【Enter】键即可查看添加均线后的走势图，如图 6-9 所示。

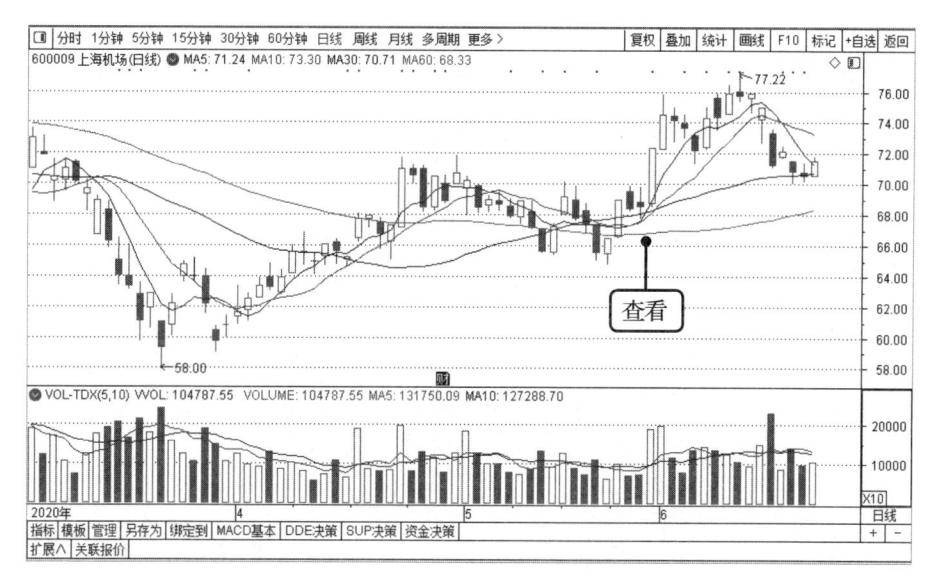

图 6-9 添加均线

另一种方法是在 K 线走势页面中，直接为主图添加技术指标，即在主图上右击，选择"主图指标 / 选择主图指标"命令，如图 6-10 所示。

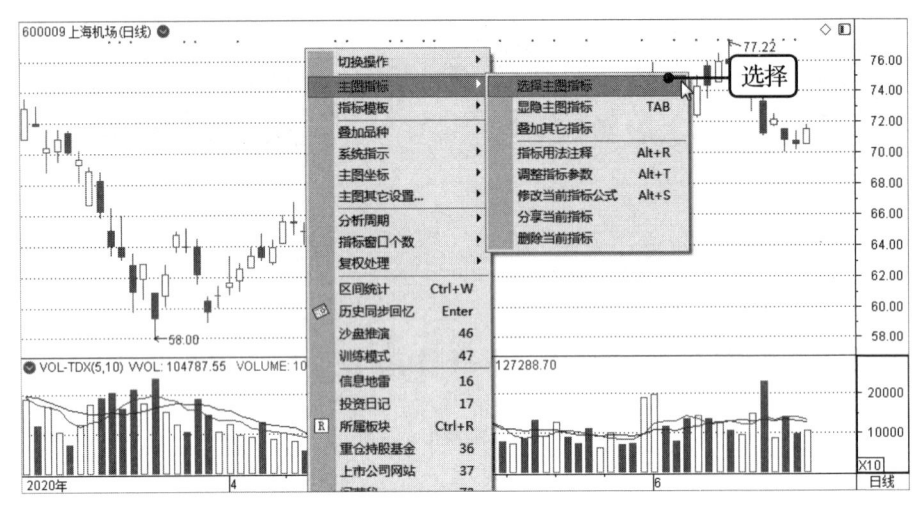

图 6-10 选择"主图指标 / 选择主图指标"命令

在打开的"请选择主图指标"对话框中选择"MA 均线"选项，再单击"确定"按钮，即可完成添加，如图 6-11 所示。

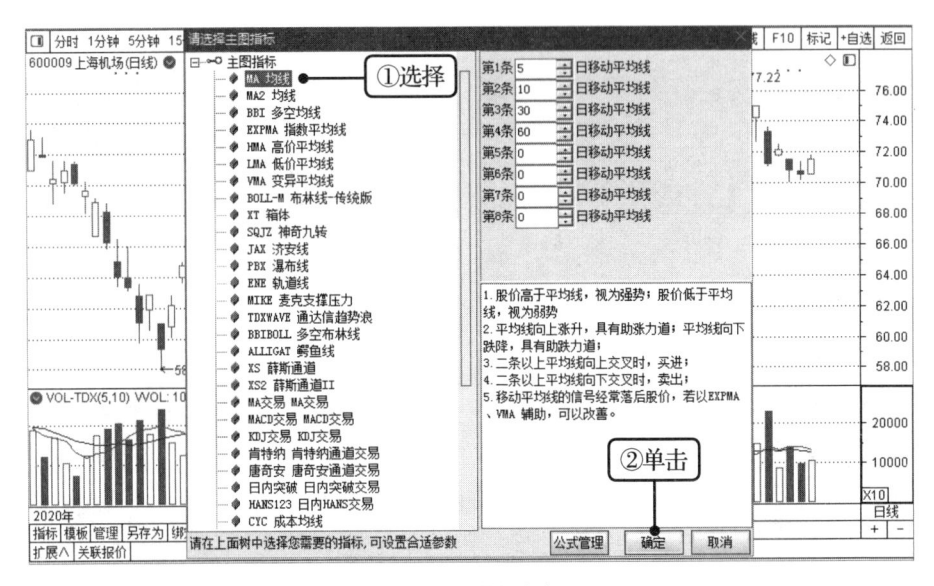

图 6-11 添加指标

6.3 通过走势变化做技术分析

技术分析指根据股价当前的走势变化，判断股价后市可能的运动方向。投资者要学会看股价走势图，懂得分析股价、成交量、时间以及形态之间的关系，以便为自己的投资决策提供有力的依据。

6.3.1 单根 K 线的意义

股价日 K 线走势图是由一根根单独的日 K 线组合而成，每根日 K 线都表示了当天的股价走势，具有用于市场分析的意义，对单根 K 线进行分析也是我们技术分析的第一步。

K 线图也被称为蜡烛图，有阴阳之分，阳线表示多头占据优势，行情上涨，阴线则表示空头占据优势，行情下跌。K 线示意图如图 6-12 所示。

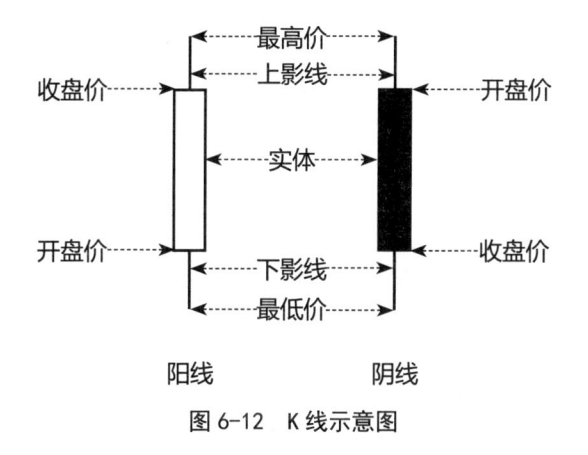

图 6-12　K 线示意图

从图中可以看到，单根 K 线由上影线、实体与下影线组成，且通过每根 K 线可以查看当天的开盘价、收盘价、最高价与最低价。在阳线中，当最高价与收盘价相同，最低价与开盘价相同时，就没有上下影线。在阴线中，当最高价与开盘价相同，最低价与收盘价相同，也没有上下影线。

根据每日的股价走势情况，单根K线又分成了许多具体的形态，具体内容如表6-2所示。

表6-2 单根K线的形态

K线名称	图　　形	意　　义
全秃大阳线		开盘价与最低价相同，收盘价与最高价相同，没有上下影线，表示市场内多方占据绝对优势，涨势强烈
大阳下影线		收盘价与最高价相同，小段下影线，多方交战，先跌后涨，下影线越长，表示下档多头力量越大
大阳上影线		开盘价与最低价相同，小段上影线，多空交战，多头占据优势，但上涨后遭遇压力，后市可能出现下跌，上影线越长，表示上档空头压力越大。空心部分长短代表多空力量的强弱
小阳线		上下影线长度基本相同，表示多空双方争夺激烈，但多方稍微占据优势，但是上攻乏力
上影阳线		上影阳线的上影线很长，至少是空心的两倍，表示多方仍然处于优势，但已处于末期，是强烈的反转形态
下影阳线		下影线很长，至少是空心的两倍，表示多方仍然处于优势，同时多方买盘不断加入，推高股价。此形态如果出现在近期股价底部，是强烈的反转信号
全秃大阴线		开盘价与最高价相同，收盘价与最低价相同，没有上下影线，表示市场内空方占据绝对优势，股价持续走跌
大阴下影线		开盘价与最高价相同，小段下影线，股价试图创下低点，但下方买方买盘压力沉重，股价回升。这样的形态表示空方占据优势，但是下方价位买盘很大，有反转意味，应引起警惕

续表

K线名称	图　形	意　义
大阴上影线		收盘价与最低价相同，有小段上影线，股价稍作上扬即被拉回，表示空方力量占据优势，上档卖盘强劲。其中，上影线的长度越长，表示空方的力量越大
小阴线		上下影线长度基本相同，表示多空双方争夺激烈，但空方仍然占据一定的优势，同时多方的力量不可小觑
上影阴线		上影线很长，至少是阴线实体长度的2～3倍，此形态表示空方处于优势，并且有空方买盘不断加入，推低股价。如果出现在股价顶部，则为强烈的反转信号，应该引起注意
下影阴线		下影线很长，至少是阴线实体长度的2～3倍，此形态表示空方仍然处于优势，但已经是强弩之末，是比较强烈的反转形态。如果出现在股价的底部，则反转的意义更强烈
十字线		开盘价与收盘价相同，多空双方势均力敌，如果此形态出现在股价顶部或底部，是强烈的反转信息；如果出现在长期盘整时期，是强烈的突破信号
长下影线十字线		开盘价与收盘价相同，多方力量占据优势，应该密切关注后期K线形态发展
长上影线十字线		开盘价与收盘价相同，空方力量占据优势，应该密切关注后期K线形态发展
T字线		开盘价与收盘价相同，收盘价下方多方买盘积极，此价位多方有很强的支撑。如果在股价底部出现此形态，则为强烈的反转信号

续表

K 线名称	图 形	意 义
倒 T 字线		开盘价与收盘价相同，收盘价上方空方卖盘积极，此价位空方有很强的支撑。如果在股价顶部出现此形态，则为强烈的反转信号
一字形		开盘价、收盘价、最高价与最低价都相同，此形态极少出现，一旦出现就是暴涨或暴跌的预兆

6.3.2 认识特殊的 K 线组合

除了单根 K 线之外，多根 K 线也可以形成具有指示意义的 K 线形态，这些 K 线形态可以帮助投资者们判断当前的股市行情，预估后市股价走势。K 线组合有许多，这里我们介绍一些具有代表性的 K 线组合，具体如表 6-3 所示。

表 6-3　常见的 K 线组合

K 线名称	图 形	意 义
早晨之星		早晨之星由 3 根 K 线组成。第一根 K 线为长久的下跌趋势中出现的一根实体修长的阴线；第二根是一个小阳线或者小阴线；第三根是一根大阳线，并且第三日的收盘价必须大于第一个形态表示的收盘价。股价下跌时，为见底回升信号
早晨十字星		早晨十字星由 3 根 K 线组成，第一根 K 线为阴线，第二根为十字线，第三根为阳线。与早晨之星相同，该形态也是出现在股价下跌的时候，并且后市将出现明显回升

续表

K线名称	图形	意义
曙光初现		在下跌行情中，由两根K线组成的见底回升信号。第一根K线为下跌趋势中出现的中阴线或大阴线，第二根K线为低开见底后反弹的中阳线或大阳线，阳线收盘价高于第一根阴线实体的1/2
底部穿头破脚		下跌行情中由两根K线组成的见底回升信号。第一根K线为下跌趋势中出现的阴线，第二根K线为阳线，且其实体要将第一根K线的实体全部包含
旭日东升		由两根K线组成，第一根K线为大阴线或中阴线，第二根为高开高走的大阳线或中阳线，且第二根K线的收盘价高于第一根K线的开盘价，是见底回升信号
好友反攻		好友反攻是由一根阴线和一根阳线组成，第一根为大阴线或中阴线，接着跳空低开，拉出一根大阳线或中阳线，并且收盘价占前一根阴线的收盘价相同或相近，预示见底回升
连续跳空三阴线		连续跳空三阴线由4根K线组成，第一根K线可以是阳线，也可以是阴线；剩余3根K线均为跳空低开的阴线。跳空阴线的实体大小、是否有上下影线以及上下影线的长短等都无要求
黄昏之星		黄昏之星由3根K线组合而成，它表示股价回落，是卖出信号。第一根K线是处在上升趋势中的大阳线或中阳线，第二根K线是跳空高开、实体短小的小阳线或小阴线，第三根K线为阴线，它的开盘价低于第二根K线的开盘价

续表

K线名称	图　形	意　义
乌云盖顶		乌云盖顶由一阴一阳的两根K线组成，阴线在阳线收盘价之上开盘，在阳线实体内收盘，形成乌云盖顶之势，显示行情走软。阳线实体被阴线覆盖的越多，表明买气越弱，空方攻击力度越大
黄昏十字星		由3根或4根K线组合而成，属于重要的见顶信号，在连续上涨趋势之后出现得较多。基本形态为3根K线，第一根为大阳线或中阳线，第二根K线跳空高开，收盘十字线报收，十字线与第一根阳线之间留有高开缺口，第三根K线跳空低开，并且低开低走，收一根大阴线或中阴线
双飞乌鸦		上升行情中出现的见顶回落信号，由两根K线组成。第一根K线跳空高开后却仍以阴线报收，而第二根阴线也是跳空高开，且实体部分较长，但与第一根阴线形成类似穿头破脚的图形
三只乌鸦		由3根下跌K线组成，通常出现在股价上涨后的高价位区域，三只乌鸦是股价上升行情中的见顶回落信号
顶部穿头破脚		顶部穿头破脚是上升行情中的见顶回落信号，由两根K线组成，第一根为上升趋势中出现的阳线，第二根为阴线，其实体的长度将第一根阳线的实体全部包含，第二根阴线的实体越长，说明股价下降的动力越大
空方尖兵		空方尖兵通常出现在下降行情中，由多根K线组成，第一根K线为阴线，且带有较长的下影线；随后是一连串走平或向上反弹的小阴、小阳线，这些K线的数量没有限制，整理过程中一般不会超过第一根阴线的最高价；最后一根是大阴线，大阴线的收盘价向下跌破了第一根K线的最低价

6.3.3 股价运行趋势下的 K 线形态

K 线形态是 K 线在较长时间段内形成的 K 线运行图形，这些图形对于投资者把握市场走势具有十分重要的意义。

其中反转形态对趋势分析的作用比较明显。反转形态通常出现在行情的底部或者顶部，预示股价走势将发生逆转。反转形态的特点如下：

①反转形态形成时的规模与后市行情的规模成正比，即反转形态的涨跌幅度越大，历经时间越长，后市新行情的规模也越大；反之亦然。

②不同位置的反转形态形成时间不同，底部区域的反转形态形成时间较长；顶部区域的反转形态形成时间较短。

③反转形态能否得到确认，成交量至关重要。例如在底部反转形态中，股价的上涨一定需要成交量的配合。

常见的反转形态有头肩形态、V 形形态、双重形态、三重形态和圆弧形态，下面分别进行介绍。

(1) 头肩形态——头肩底和头肩顶

头肩底形态是在实战中出现最多的一种形态，它是一个长期趋势的反转形态，通常出现在下跌行情的末期。这一形态具有以下特征：

◆ 头肩底形态的两肩低点大致相等。
◆ 就成交量而言，左肩最少，头部次之，右肩最多。股价突破颈线不一定需要大成交量配合，但是日后继续上涨时成交量会放大。

图 6-13 所示为头肩底的一般形态。

图 6-13 头肩底示意图

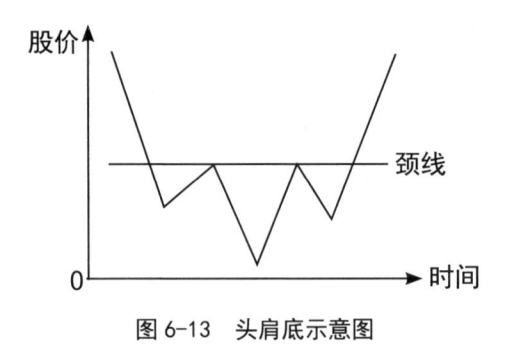

头肩顶形态是较为可靠的卖出信号，通过三次连续的涨跌构成该形态的三个部分，也就是有三个高点，中间的高点比另外两个高点要高，称为"头部"，左右两个相对较低的高点称为"肩部"。图 6-14 所示为头肩顶的一般形态。

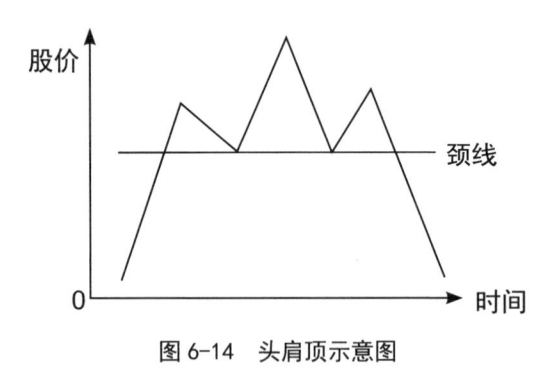

图 6-14 头肩顶示意图

（2）V 形形态——V 形底和 V 形顶

V 形底形态又称为尖底形态，它是一个比较常见的反转形态。V 形底出现在底部的频率较高，而且一般出现在市场剧烈波动时，图 6-15 所示为一般 V 形底的形态。该形态与其他反转形态最大的区别就在于，V 形底转向过程仅需 2～3 个交易日，有时甚至更短就可完成，这让 V 形成为最直观的反转形态。

图 6-15　V 形底示意图

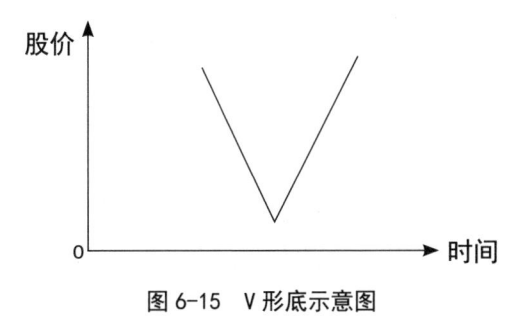

V 形顶也称倒 V 形反转形态或尖顶形态，其走势同 V 形底一样，也是一个比较常见的反转形态，它在顶部出现的频率较高，而且一般出现在市场剧烈波动时。其关键性的转向过程也仅需 2～3 个交易日就可完成，有时甚至更短，通常情况下会有一根较长的上影线触顶，随后股价开始大幅下跌。图 6-16 所示为 V 形顶的一般形态。

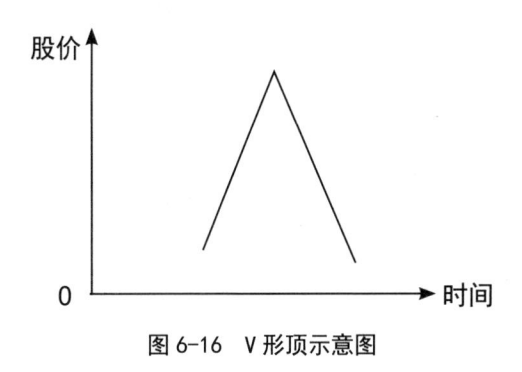

图 6-16　V 形顶示意图

（3）双重形态——双重底和双重顶

双重底又称为 W 形底，该形态一般在下跌行情的末期出现。双重底反转形态一般具有如下的特征：

- ◆ 形态的低点通常在同一水平线，股价第一次冲高回落后形成的顶点称为颈部，当股价放量突破颈线时，行情可能见底回升。
- ◆ 形态形成之后，股价有可能出现回落的行情，股价最终会在颈部附近止跌企稳，后市看涨，投资者可在第二次突破回落止跌后介入。

图 6-17 所示为双重底的一般形态。

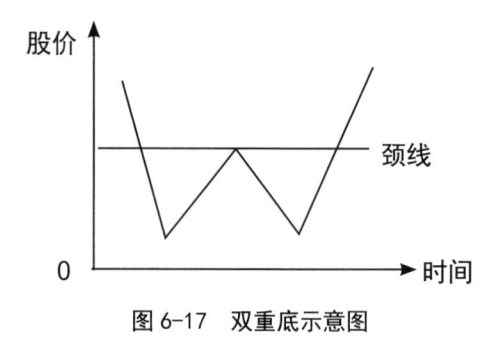

图 6-17 双重底示意图

双重顶又称 M 形顶，该形态一般是在上升行情的末期出现，它与双重底形态的作用刚好相反，它是一个后市看跌的见顶反转形态。双重顶反转形态一般具有如下特征：

- 形态的高点并不一定在同一水平，通常第二个顶点比第一个顶点稍高，是高位追涨筹码介入拉高的结果。由于主力借机出货，因此股价上涨力度不大。
- 形态的两个顶点就是股价在这轮上升行情中的最高点，当股价有效跌破形态颈线（第一次下跌的低点为颈部）时，行情发生逆转，投资者应果断卖出股票。

图 6-18 所示为双重顶的一般形态。

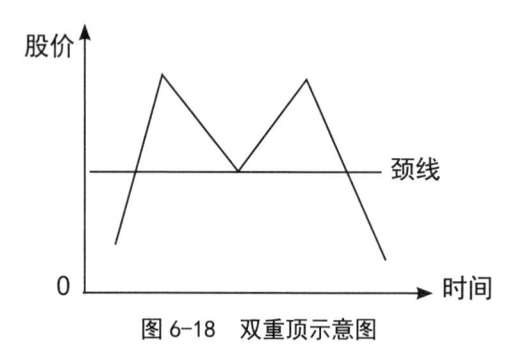

图 6-18 双重顶示意图

（4）三重形态——三重底和三重顶

三重底形态是头肩底形态的变形，是由3个一样的低位或接近的低位形成，与头肩底的区别是该形态头部的价位回缩到和肩部差不多相等的位置。

出现三重底形态的原因是投资者没有耐心，在形态完全形成之前便急于卖出；走势不如人意时又急于买进，等到形态完成，大势已定。股价正式开始反转时，投资者却犹豫不决，缺乏信心，没有把握住上涨的行情。三重底形态的分析需要注意以下两点：

◆ 三重底的颈部和顶部连线是水平的，所以三重底具有矩形的特征。
◆ 三重底的低点与低点的间隔距离不必相等。

图6-19所示为三重底的一般形态。

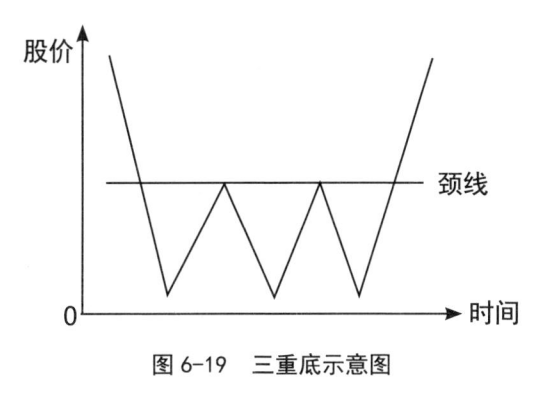

图6-19 三重底示意图

三重顶与三重底类似，是由3个一样高位或接近的高位形成，头部的价位与肩部的相离不远。出现三重顶形态的原因也是投资者没有耐心，在形态完全形成时便急于卖出或急于买进，等到形态完成，大势已定时，却发现股价已经处于下跌通道中，投资者在后市遭受不小损失。

图6-20所示为三重顶的一般形态。

图6-20 三重顶示意图

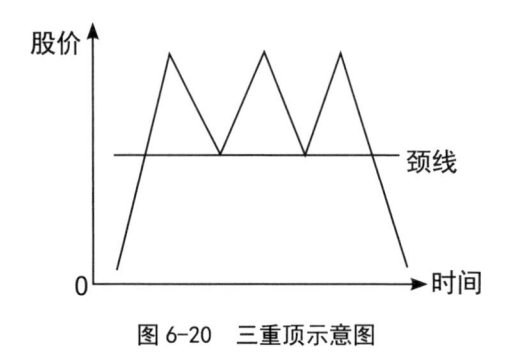

前面说的是标准情况下的三重形态，在实战中，三重顶（底）的顶峰与顶峰，或谷底与谷底的间隔距离与时间不必相等，同时三重底（顶）的底部或顶部也不一定要在相同的价位形成，即颈线也不一定必须是水平的。此外，三重形态的形成时间一般在两个月以上，且时间越长，三重形态越可靠。过于短暂的时间内形成的三重形态，很容易变成其他形态。

（5）圆弧形态——圆弧底和圆弧顶

圆弧底是一种极具上涨能力的底部形态，其形成过程是股价缓慢下滑，在跌势趋缓并止跌之后，多空达到平衡，在底部横盘少许时日后，股价又缓慢回升，每次回落点都略高于前一次形成的低点，整个形态就像一个圆弧，所以被称为圆弧底或圆底，其形态示意如图6-21所示。

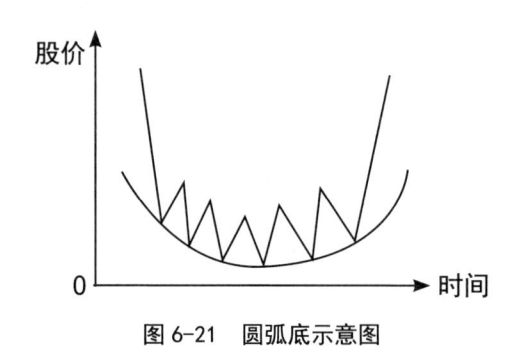

图6-21 圆弧底示意图

圆弧顶与圆弧底的形成过程相反，其形成过程是股价上升到高位后，开始缓慢上升,到达顶部后,股价又缓慢下跌,每次回落的高点都略低于前一次形成的高点,整个形态像一个圆弧。但在圆弧顶发展的末期,成交量会放大,股价会逐渐加速下跌。

圆弧顶的形态示意图如图 6-22 所示。

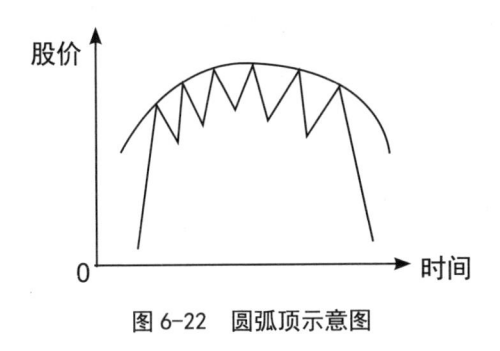

图 6-22　圆弧顶示意图

案例实操

聚光科技（300203）双重顶形态卖出信号

图 6-23 所示为聚光科技 2019 年 1 月至 5 月的 K 线走势图。

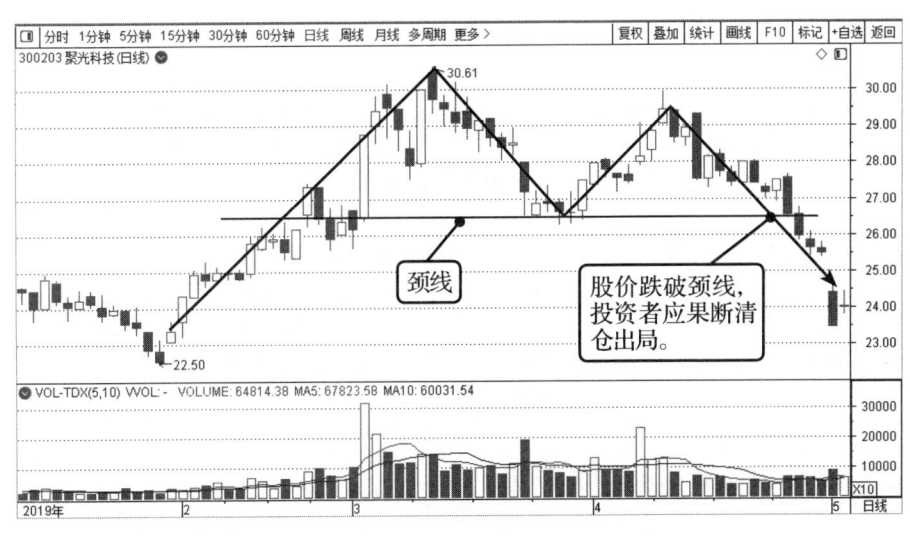

图 6-23　聚光科技 2019 年 1 月至 5 月的 K 线走势图

从图中可以看到，该股经过前期的上涨，在 2019 年 3 月 12 日以 30.61 元的价格阴线报收见顶，形成双重顶形态的第一重顶。股价经过下跌后在 26.50 元左右的价格止跌，随后股价开始回升，在未达到前期的高点时便再次见顶，形成双重顶形态的第二重顶，由此双重顶 K 线形态形成。

在股价经历一轮上涨行情后的相对高位区域出现双重顶形态，说明盘内多方势能衰竭，场内行情已经转为空头市场。投资者不要再对其抱有幻想，股价跌破颈线之后，将彻底转入下跌行情中。

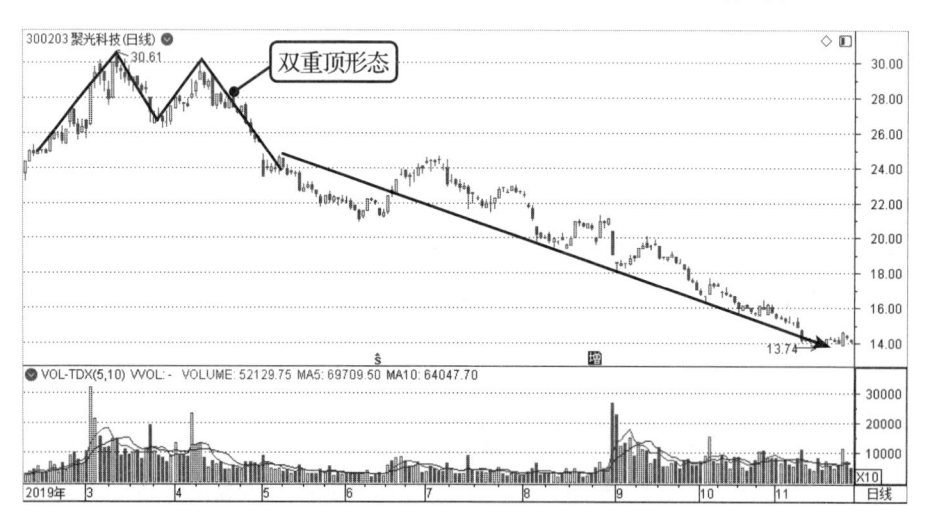

图 6-24 所示为聚光科技 2019 年 2 月至 11 月的 K 线走势图。

图 6-24 聚光科技 2019 年 2 月至 11 月的 K 线走势图

从图中可以看到，该股在双重顶形态后，股价在 26.00 元价位线跌破颈线后，一路下跌，不给投资者任何后悔的机会。股价从 26.00 元开始下降到最低的 16.36 元，跌幅接近 37%。

6.3.4 见识移动平均线的魅力

移动平均线是利用统计学上 Moving Average 的方式计算而得。根据均线的周期可以将其分为短期均线、中期均线和长期均线，短期的移动平均线周期可以取 3 ~ 5 天，中期可取 12 天，长期取一个月，超长期为两月以上。

均线可反映股价的上升或下降趋势，且平均日数愈少，趋势反映愈灵敏，但也容易受到股价单日暴涨暴跌的影响而扭曲长期趋势。

默认情况下，MA 指标的 4 条曲线采用的周期分别为 5 日、10 日、30 日和 60 日，在实际应用中，可根据股价与移动平均线的位置关系以及各线交叉情况来判断买卖时机。具体如下：

◆ 根据股价与均线的位置判断行情

当股价运行在移动平均线上方时，属于强势行情，股价会不断上涨；当股价运行在移动平均线下方时，视为股市转弱信号，后期会出现下跌。如图 6-25 所示。

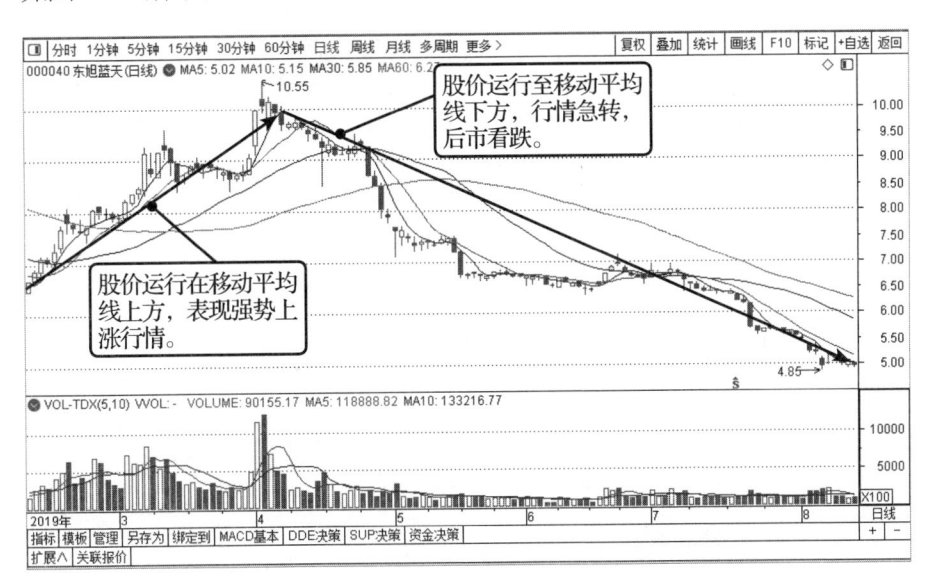

图 6-25 股市转弱

从图中可以看到，2019 年 2 月至 4 月股价运行在移动平均线上方，表示强势上涨行情，4 月上旬股价急转下落至移动平均线下方，且保持在均线下方运行,说明场内行情已经发生转变,由多头市场转为空头市场,后市看跌。

◆ 均线多头排列和空头排列

参数较小的短期均线在参数较大的长期均线的上方,并且均线向上发散,这种排列就是我们常说的多头排列。个股均线呈现多头排列时,说明市场看多情绪浓烈,后市看涨。

参数较小的短期均线在参数较大的长期均线的下方,并且均线向下发散,这种排列就是我们常说的空头排列。个股均线呈现空头排列时,说明市场普遍看空,后市看跌。图6-26所示为均线空头排列。

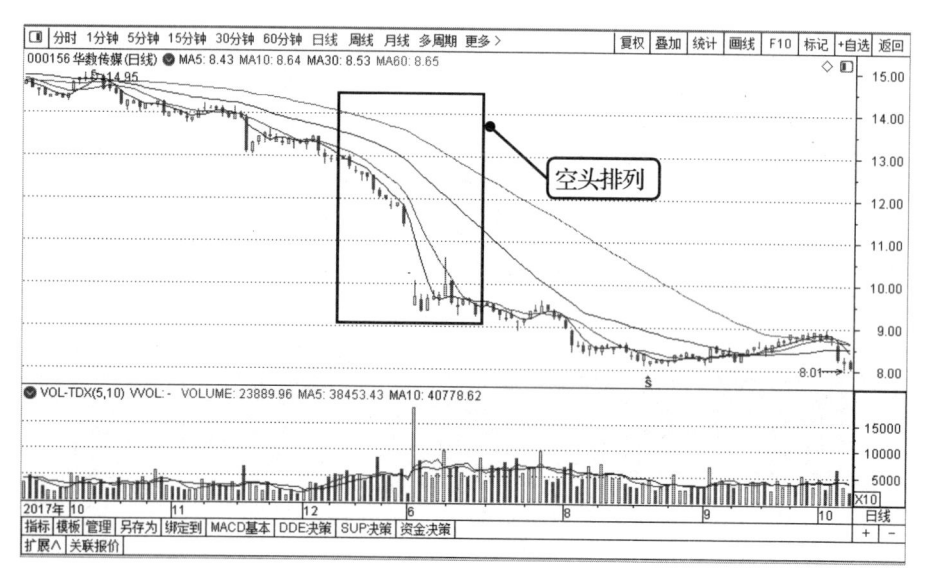

图6-26 均线空头排列

◆ 均线金叉和死叉

均线中有两个比较常用的技术信号,即金叉和死叉,可以据此对股价的买卖点做出技术分析。

当较短周期的均线从长期均线的下方,向上穿过较长周期的均线,形成的交点就是金叉，视为买入信号。

当较短周期的均线从长期均线的上方，向下穿过较长周期的均线，形成的交点就是死叉，视为卖出信号。

图 6-27 所示为金叉和死叉示意图。

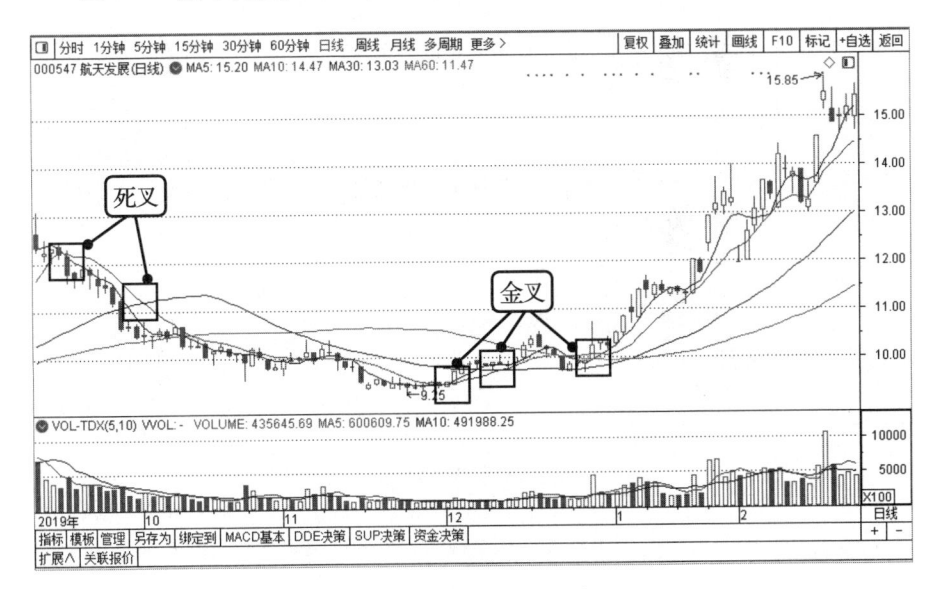

图 6-27　金叉和死叉示意图

6.3.5　透过成交量研判股市涨跌

成交量指在一个单位时间内成交的数量，包括日成交量、周成交量、月成交量和年成交量，甚至是 5 分钟、30 分钟或 60 分钟成交量等。它既可以反映个股的交易数量，也可以反映整个市场总体的交易数量。

成交量按形态可以分为 5 种，分别是逐渐放量、逐渐缩量、快速放大量、快速出小量和量平。不同的形态，在股市行情中有不同的意义，具体内容如表 6-4 所示。

表 6-4 成交量的形态

类　型	形　态	意　义
逐渐放量		逐渐放量就是随着时间的推移成交量总体趋势为逐步增大。在上涨初期出现逐渐放量形态，表示后市看好，投资者可以在低位建仓；如果在上涨后期出现逐渐放量形态，行情有可能出现转势，因此投资者需要认真分析，谨慎入市
逐渐缩量		逐渐缩量就是随着时间的推移成交量总体趋势为逐渐减小。如果是在上涨初期缩量，有可能是主力欲抛售部分股票，这种情况下，后市还有一段上升行情，因为这是主力故意打压部分散户，从而方便其再次进入股市；如果在上涨后期缩量，有可能是主力将股价拉升到高位后欲全部出货，这是行情转势的信号，股价将下跌
快速放大量		快速放大量就是成交量在持续较小量后突然出现很大的成交量。这种形态在上升行情的初期、中期或在下跌行情的末期，都是投资者做多的好时期，投资者可以在低位逢低吸纳买入；如果在上升行情的末期或者下跌行情的初期和中期出现，这种情况下，后市不被看好，投资者可以选择空仓观望
快速出小量		快速出小量就是在连续出现很多大的成交量后突然出现较小成交量。这种形态出现在上升行情或者在下降行情的初期和中期时都不适宜入市，投资者应选择空仓观望的策略；而出现在下降行情的末期时，由于做空局势已经基本稳定，投资者应该转空头为多头，可以分批建仓

续表

类型		形态	意义
量平	量小平		上升行情中期出现量小平，说明主力很强，投资者可以持股做多；而在后期出现量小平，投资者可再持股一段时间，因为主力出货不能在瞬间完成。下降行情初期或中期出现量小平都是主力在大量出货，后市将继续下跌，投资者应全线做空；而在后期，由于行情趋于见底，此时投资者可以逢低纳入，分批建仓
	量中平		上升行情中期出现量中平形态，投资者要谨慎做多；而在下降行情中出现量中平，主要是由于下跌趋势已经比较明显，持股者已经在陆续出货
	量大平		上升行情初期，量大平主要是由于多方主力采取稳扎稳打的策略，主力步步为营推高股价，后市看涨，因此投资者可以跟着主力做多；而在上升行情中期，为了谨防主力连续用量大平出货，投资者可以退出观望

分析成交量的主要原因在于，成交量与股价直接相关，成交量越大说明该股越具有吸引力，后市股价波动幅度也可能会越大。实际上，股价与成交量主要有两种关系，即量价配合和量价背离。

（1）量价配合

量价配合很好理解，即股价与成交量互相配合，运行方向相同。股价上涨，成交量也上涨，形成量增价涨态势，这说明股价在上涨过程中，与成交量配合默契，市场一致看好股价后市走势。

同样的，股价下跌时，成交量也逐步萎缩，形成量缩价跌态势，这种情况说明随着股价的走低，市场人气逐渐降低，但是当成交量萎缩至极点时，股价可能会迎来转机。

(2)量价背离

量价背离指股价与成交量呈现相反的变化趋势。当股价上涨时,成交量却表现出缩量或持平形态,说明股价的上涨没有得到成交量的支撑,市场反应不积极,买卖双方交易清淡。当股市中出现这种现象时,股价往往难以维持继续上涨的行情。

同样,当股价下跌时,成交量却出现放大,说明盘内抛盘严重,如果在股价下跌初期出现这种现象,则是股价大跌的前兆,投资者要赶快抛售持股,尽快出逃。

职场理财

第 **7** 章

基金理财，投资专家专业管理

很多上班族不是不理财，而是缺乏专业的知识和时间来研究。鉴于此，可以选择基金投资，将资金交由专业的投资专家打理，自己坐享收益即可，投资基金一方面省去了麻烦，另一方面也实现了资金的增值。

7.1 小白基金投资第一课

作为投资新手,在投资基金之前必须要对基金有所了解,例如基金是怎么一回事,基金种类有哪些以及基金的申购如何操作等。

7.1.1 基金投资是怎么回事儿

从概念上来看,基金投资是一种间接的证券投资方式。基金管理公司发行基金份额,集中投资者们的资金,然后交由专业的基金托管人托管,由基金管理人管理和运用资金,从事股票、债券等金融工具投资,然后共担投资风险、分享收益。

图 7-1 所示为基金投资运行过程示意图。

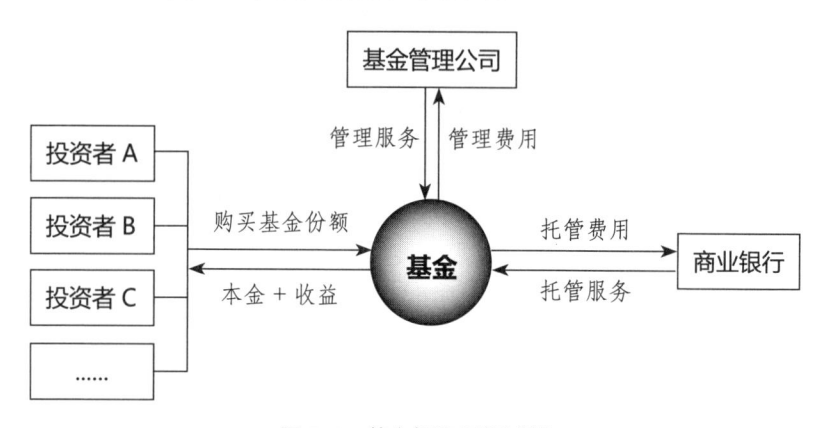

图 7-1 基金投资运行过程

由上图可以看到，在基金投资运行过程中主要包括三大主体，即投资者、基金管理公司和商业银行，其各自的职责如表7-1所示。

表7-1 基金投资当事人各自的职责

主体	职责
投资者	是基金资产的所有者和基金投资收益的受益人。在基金投资中投资者的职责主要是对基金进行买入卖出操作
基金管理公司	基金管理公司是指依据有关法律法规设立的对基金的募集、基金份额的申购和赎回、基金财产的投资以及收益分配等基金运作活动进行管理的公司
商业银行	基金托管人，是根据基金合同的规定直接控制和管理基金财产，并按照基金管理人的指示进行具体资金运作的基金当事人。基金托管人是投资人权益的代表，是基金资产的名义持有人或管理机构。为了保证基金资产的安全，基金应按照资产管理和保管分开的原则进行运作，并由专门的基金托管人保管基金资产

正是因为基金有专业的基金管理公司进行管理，并有可信赖的商业银行做资金托管，保障资金的安全，所以才有越来越多的人选择基金进行投资。

另外，基金非常适合没有什么理财经验的投资者，因为基金投资不需要投资者预测市场，更不需要投资者像投资股票一样随时查看股价走势，预判行情，总的来说，基金投资有三大特点：

◆ 集合资金，专业理财

基金投资将众多投资者的闲散资金集中起来，委托专业的基金管理人做集合理财，一方面可以增强资金的使用率，使资金实现增值；另一方面专业的基金管理人拥有专业的信息系统，投资更精准。

◆ 组合投资，分散风险

基金投资往往采用组合投资的形式完成，在一只基金中，集合的资金可能会被投资于数十只股票或者数十只债券,投资的行业也呈现出多样化的特点。这样组合投资的方式,大幅度降低了基金投资的风险,使投资更稳健。

◆ 机构严格监管,保障投资者权益

基金监管机构对基金行业施行严格的监管,严格禁止各种违规操作,并对各种有损于投资者利益的行为进行严厉打击。为保证投资者的权益,还要求基金公司及时做信息披露,便于投资者查看。

7.1.2 基金的种类有哪些

基金的种类有很多,不同类型的基金具有不同的特点,投资者投资之前需要理清这些基金种类,并结合这些基金的特点,更好地完成投资。

根据不同的划分标准,可以将基金划分成为不同的种类,常见的划分方式如表7-2所示。

表7-2 基金的分类

基金的划分方式	类　　型	描　　述
按照不同国家或地区法律形式划分	契约型基金	契约型基金是依照基金契约组建的。我国公募基金都属于契约型基金
	公司型基金	指投资者为了共同投资目标而组成以盈利为目的的股份制投资公司,并将形成的公司资产投资于有价证券的证券投资基金
按照基金的运作方式划分	封闭型基金	封闭型基金指事先确定发行总额,在封闭期内基金单位总数不变,基金上市后投资者可以通过证券市场进行基金单位转让买卖的一种基金类型
	开放型基金	开放型基金指基金发行总额不固定,基金单位总数随时增减,投资者可以按照基金的报价进行申购或赎回操作的一种基金类型

续表

基金的划分方式	类　型	描　述
根据基金投资对象划分	股票基金	基金资产80%以上投资股票的基金
	货币基金	仅投资货币市场工具的基金
	债券基金	基金资产80%以上投资债券的基金
	混合基金	投资比例不符合股票基金和债券基金的规定的基金
	基金中的基金（FOF）	基金中的基金是以基金作为投资标的，进行投资的基金
根据投资目标划分	成长型基金	成长型基金以资本长期增值为投资目标，其投资对象主要是市场中有较大升值潜力的小公司股票和一些新兴行业的股票。为最大限度地达成增值目标，成长型基金通常很少分红，而是经常将投资所得的股息、红利和盈利进行再投资，以实现资本增值
	收入型基金	收入型基金以获取当期的最大收入为目的，是以基金当期收入为投资目标的基金，其投资对象主要是那些绩优股、债券和可转让大额存单等收入比较稳定的有价证券。收入型基金一般把所得的利息、红利都分配给投资者
	平衡型基金	平衡型基金是既追求长期资本增值，又追求当期收入的基金，这类基金主要投资于债券、优先股和部分普通股，这些有价证券在投资组合中有比较稳定的比例，一般是把资产总额的25%～50%用于优先股和债券，其余的用于普通股投资。其风险和收益状况介于成长型基金和收入型基金之间

7.1.3　基金的认购和申购

认购与申购是两种不同的基金购买方式，虽然都购买基金，但其中的差异却不小。

基金认购指投资者购买一只处于募集期内的基金，在募集期间的新基金，每份额的单位净值为1元。募集期结束以后会有一个封闭期，一般的封闭期短则3个月，长则36个月。需要注意的是，一旦购买成功将无法撤销和赎回，必须等到封闭期结束，重新开放后才能赎回。通常认购募集期的基金，费率会比开放式基金申购更低。

基金申购指基金募集期结束后，投资者在基金销售机构购买基金的行为。此时的基金净值已经反映了基金投资组合的价值，所以每单位基金份额的净值不一定为1元。

由此可以看出，虽然认购比申购便宜，但认购却受到封闭期的限制，不如申购自由。那么投资者应该选择认购还是申购呢？我们应该进一步对比两者的特点，根据各自的特点选择适合自己的购买方式，如表7-3所示。

表7-3 认购与申购的特点

方　式	特　点
认购	1. 认购的基金为新基金，所以通常手续费用较低。 2. 认购分为两种：一种是场内认购，指通过证券交易所的交易系统进行申购；另一种是场外认购，通过其他销售机构进行认购。 3. 投资者可以在募集期内进行多次认购。 4. 在募集期内和在之后的封闭期不可以赎回。 5. 认购的费用：认购费用 = 净认购金额 × 认购费率。不同公司对认购费的规定不同，但一般不超过认购金额的1.5%
申购	1. 申购基金一般指的是开放式基金。 2. 申购金额不得低于1 000元。 3. 申购费用由基金公司确定，一般在申购金额的0.15% ~ 1.5%左右，但并非固定不变，基金公司一般会对购买数量多的投资者给予折扣

根据上表内容可以看出，基金认购费普遍要低于申购费，且新基金在认购时的基金净值通常比较低，所以购买起来更划算。因此，从购买费用方面来看的话，认购的方式比较适合。

但是从投资价值来看,新基金没有历史业绩作为投资的参考;但已经发行,并运行过一段时间的基金有历史成绩可以作为分析判断的参考,更具有投资分析价值。

7.1.4 基金的赎回情况

基金赎回主要是针对开放式基金,投资者将手中的基金份额按照市场价格卖出并收回资金,就是基金赎回。基金赎回的流程如图 7-2 所示。

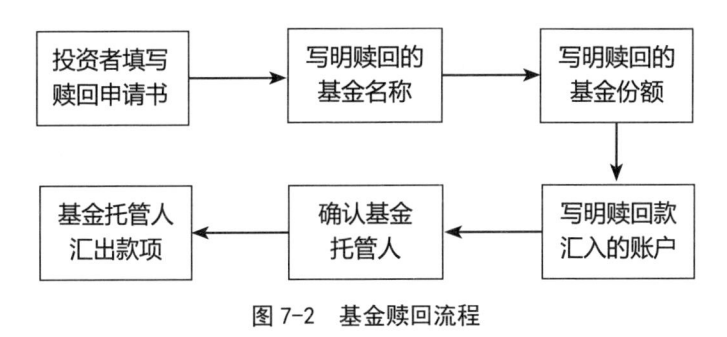

图 7-2 基金赎回流程

如果投资者赎回的基金份额过大,产生巨额赎回,可能会引发不同的赎回情况,需要投资者引起注意。当开放式基金在单个开放日,基金净赎回申请超过基金总份额的 10% 时,即成为巨额赎回。出现巨额赎回时,通常会有下列四种情况:

全部赎回。基金管理人认为基金当前有能力兑付投资者的全部赎回申请时,会按照正常赎回流程对投资者的赎回申请做处理。

部分延期赎回。当某个开放日内基金份额的赎回申请比例大于基金总份额的 10% 时,基金公司可以对超过 10% 的部分进行延期办理。对于当日的赎回申请,应按单个账户赎回申请量占赎回申请总量的比例,确定当日的赎回份额。其中未受理部分可延迟到下一个开放日办理,并以该开放日当日的基金资产净值为准计算赎回金额。

暂停赎回。当开放式基金连续两个或两个以上开放日发生巨额赎回时，基金管理人有必要暂停接受赎回申请。发生基金合同或招募说明书中未载明的情况，但基金管理人有正当理由认为需要暂停接受赎回申请的，应当报经中国证监会批准，已经确认的赎回申请最多可以延迟 20 个工作日处理。

连续赎回。连续赎回是指在发生巨额赎回时，投资者对于延期办理的赎回申请部分，选择依次在下一个基金开放日进行赎回。

7.2 选择一只有潜力的基金

选择基金是基金投资的第一步，一只优秀的具有潜力的基金，能够为投资者带来收益，当然，如果选择到一只较差的基金也会给投资者带来经济损失。因此，投资者要慎重选择。但是进过基市的人都知道，市场中的基金有很多，成百上千，面对这么多的基金，投资者该怎么选择呢？下面我们介绍一些实用的选择法。

7.2.1 基金评级——根据机构评分选择

基金评级是指由基金评级机构收集各个基金的相关信息，通过科学定性定量分析，再依据一定的标准，对投资者投资于某一种基金后所需要承担的风险以及能够获得的回报进行预期，并根据收益和风险的预期对基金进行排序。基金评级是投资者选择基金的重要参考指标，可以帮投资者过滤掉许多劣质的基金。

基金评级机构提供的基金评级种类有很多，例如中国银河证券基金研究中心的基金评级、晨星基金评级、理柏评级以及惠誉基金评级等，这些基金评级都能向投资者提供相关的资料与数据信息参考。

下面以晨星基金评级为例，介绍股票型基金的选择。

案例实操

利用晨星评级选择基金

晨星把每只具备 3 年以上业绩数据的基金归类，在同类基金中，基金按照"晨星风险调整后收益"指标由大到小进行排序：前 10% 被评为 5 星；接下来的 22.5% 被评为 4 星；中间 35% 被评为 3 星；随后的 22.5% 被评为 2 星；最后 10% 被评为 1 星。因此，我们可以借助晨星评级选择业绩较好的 5 星基金。

进入晨星基金网首页（http://cn.morningstar.com），在页面中单击"基金工具"下拉按钮，在展开的菜单列表中单击"基金筛选器"超链接，如图 7-3 所示。

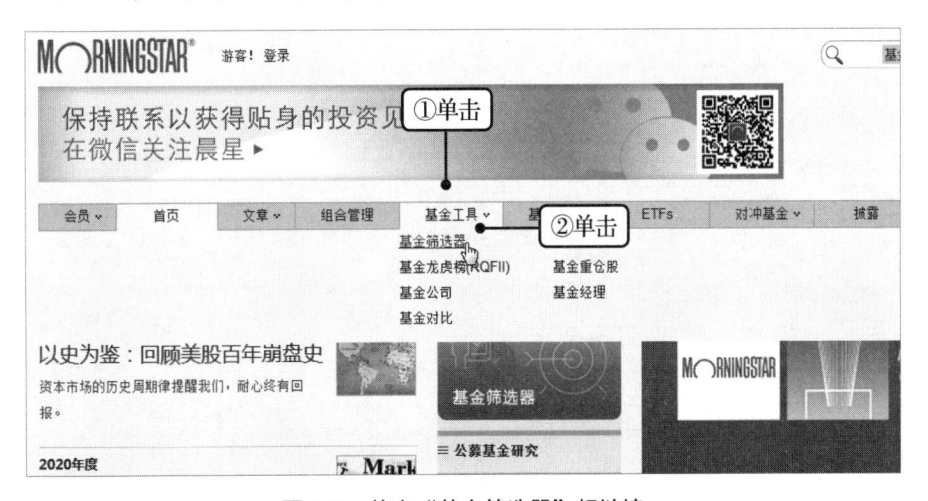

图 7-3　单击"基金筛选器"超链接

在基金筛选页面，设置筛选条件，包括三年评级、五年评级、基金组别以及基金分类，还可以设置基金公司和基金名称，完成后单击"查询"按钮，即可在页面下方看到筛选后的基金列表，如图7-4所示。

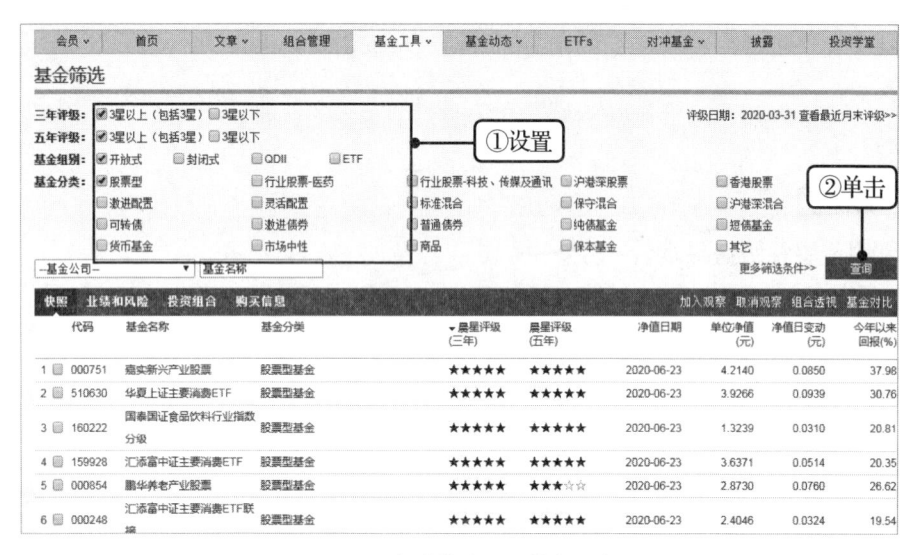

图7-4 查看筛选后的基金列表

根据筛选结果可以看到，排在前面的属于业绩表现优异的5星评级基金，单击感兴趣的基金名称超链接，即可进入基金详情页面，进一步查看基金信息。如选择嘉实新兴产业股票，如图7-5所示。

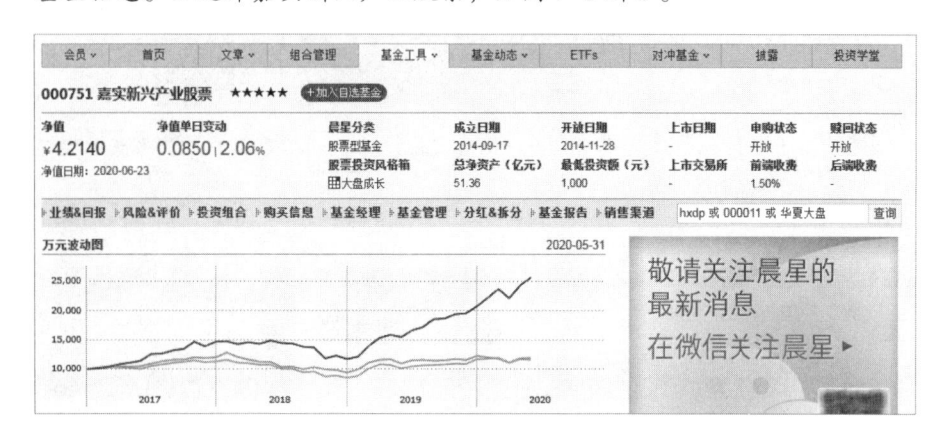

图7-5 查看基金详情

7.2.2 基金经理——根据过往业绩选择

很多人不明白基金经理的重要性,实际上基金经理对于基金投资来说,就像是船只的船舵,负责船只的方向,掌控全局。基金经理是基金投资中的实际决策者,他的一个决策决定着基金收益与否和收益多少的问题,是一个非常重要的角色。因此,投资者投资基金实际上也是投资基金经理。

选择基金经理的标准包括他对市场把握的准确性、对信息的甄别能力以及行业研究能力等,这些内容都可以从他过往的基金业绩中直接体现出来。具体内容如下:

◆ 基金经理的选股能力

基金管理可以大致分为主动型管理和被动型管理。主动型管理基金的业绩主要依靠基金经理精准的选股择时,而被动型管理则在于跟踪指数。因此,一个基金经理是否具备良好的选股能力非常重要。

尤其是在震荡市场中,基金的最大撤回能够直接反映出基金经理对市场的敏感程度。

◆ 基金经理管理的基金数量

一般来说,一位基金经理会同时管理多只基金,但如果管理过多,难免负荷过重,会分散基金经理的精力,这样一来对基金的发展可能不好。对于被动管理型的基金投资来说,它对基金经理的依赖性不高,一位基金经理可以同时管理十几只,甚至更多的基金。

但主动管理型基金投资则不同,它对基金经理的要求较高,需要基金经理及时对市场变化作出反应,因此不适宜管理过多基金,最好不超过5只。

◆ 基金经理的投资风格

基金经理的投资风格是其投资决策的基础,投资者可以事先从基金的季报和年报中分析基金经理的投资风格，主要是对基金的展望部分。图7-6所示为某基金2020年第一季度报告。

> **4.4 报告期内基金的投资策略和业绩表现说明**
> **4.4.1 报告期内基金投资策略和运作分析**
> 　　由于新冠疫情的国内外发展状况的不同与国内外需求的影响差异，导致了2020年一季度A股市场的结构性和阶段性表现分化明显。进攻型的科技股票先扬后抑，年初到2月下旬表现较好，随后见顶回调；而防御型的消费和医药股票从3月份开始反弹。从科技防控疫情过程中5G的价值凸显可以看出疫情或许给了中国科技多年难遇的一次重大发展机遇，疫情的全球扩散也给全球科技带来类似的发展机遇。中国经济整体加速"上云"，引领全球经济整体加速"上云"。市场贝塔的短期波动提供了选择优质科技核心资产的良好时机。数据消费和企业数字化是布局"后疫情"时代的两大重要方向。
> 　　本基金在2020年一季度跑赢了申万一级行业中的通信、计算机、电子和传媒这四个科技板块。与2019年度相比，本基金阶段性小幅调低对半导体板块的配置，增配5G、数据中心、信息创新和精品游戏板块。
> **4.4.2 报告期内基金的业绩表现**
> 　　本报告内，本基金的份额净值增长率为16.63%，同期业绩比较基准收益率为-7.51%。

图7-6　查看基金经理的投资风格

需要注意的是，没有最好的投资风格，也没有最差的投资风格，主要是看基金经理的投资风格对自己来说是否适合。

◆ 基金经理的历史业绩

这里查看的业绩是基金经理的业绩，而非单只基金的业绩情况。一个从业3～5年以上的、业绩稳定的基金经理其可靠程度必然要高一些。查看基金经理业绩时，不仅要关注短期业绩情况，更要重视基金的中长期业绩表现，这样的结论更准确一些。

7.2.3　基金业绩——多角度比较业绩情况

基金的历史业绩是基金过去表现情况的体现，从概率上来说，历史业绩表现好的基金相比历史业绩表现差的基金，未来继续走好的概率相对来说更高。

基金的历史业绩时主要从以下几个方面进行查看：

◆ 与同类型基金做比较

将目标基金与同类型基金进行比较，查看目标基金的所在位置。查看排名情况之余，还要注意基金净值增长率之间的差异，因为从某种程度上说，基金的历史业绩排名只能够说明一只基金在同类型基金中所处的位置，却不能据此得知这只基金能够为投资者带来的具体回报。

◆ 与业绩基准目标比较

每只基金在募集资金时，都会公布自己的业绩基准，但很多投资者只关注基金收益、费用和基金类型等，而忽视了业绩基准这一重要信息。

基金的业绩基准对判断未来基金的业绩有着重要作用。基金的业绩基准可以视为基金公司在基金成立之初为基金设立的一个有可能达到的预期目标，所以投资者可以将基金收益与基金业绩进行比较，通过其中的差异大小来衡量基金的实力。

如果一只基金的收益大幅度低于它的业绩基准，那么就可以认为该基金没有产生良好的收益，在未来也不会有太大的投资价值，投资者可据此对自己的投资策略进行调整，选择赎回基金或转换基金；如果一只基金的收益大幅度高于其业绩基准，则证明该基金资产得到良好的增值，未来的投资价值较大。

每只基金的业绩基准都可以在招募说明书或基金合同中找到，没有相关信息渠道的投资者也可以在基金公司的官方网站上查找相关信息。

◆ 业绩与大盘走势比较

对于多数股票型基金而言，其投资收益情况与股票大盘的走势关系紧密。如果一只股票型基金在一段时间内的投资收益比大盘还低，说明该基金运作比较失败，没有继续投资的价值。

如果一只基金在一段时间内的投资收益比大盘高，甚至高很多，说明该基金的业绩良好，具有长期投资价值。

7.3 基金购买渠道快速掌握

基金购买渠道的选择也有很多门道，不同的购买渠道下投资者付出的投资成本是不同的，也会享受到不同的服务。因此，投资者需要了解基金的购买渠道有哪些，且它们之间有什么差异，才能选出适合自己的购买方式。

7.3.1 基金公司直接购买

基金公司发行基金之后，投资者可以直接去相应的基金公司官网购买，方便快捷，而且没有中间商赚差价，费率低。但是在基金公司官网购买基金只能购买公司旗下的基金产品，这样一来基金的品种就大幅减少，投资者的选择余地也就缩小了。

下面以在嘉实基金官网购买基金为例做介绍。

案例实操

在嘉实基金公司购买基金

进入嘉实基金公司官网首页（http://www.jsfund.cn），在页面中单击"登录"按钮，在打开的登录菜单中单击"个人登录"按钮，如7-7左图所示。

进入登录页面，在页面中输入自己的账号和密码，单击"登录"按钮，如 7-7 右图所示。

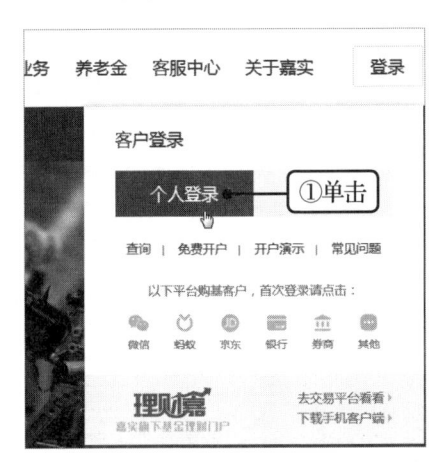

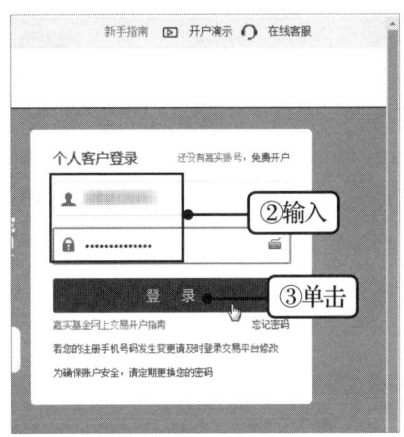

图 7-7　登录个人账户

返回首页，在页面中单击"马上开启您的财富之门"按钮，如图 7-8 所示。

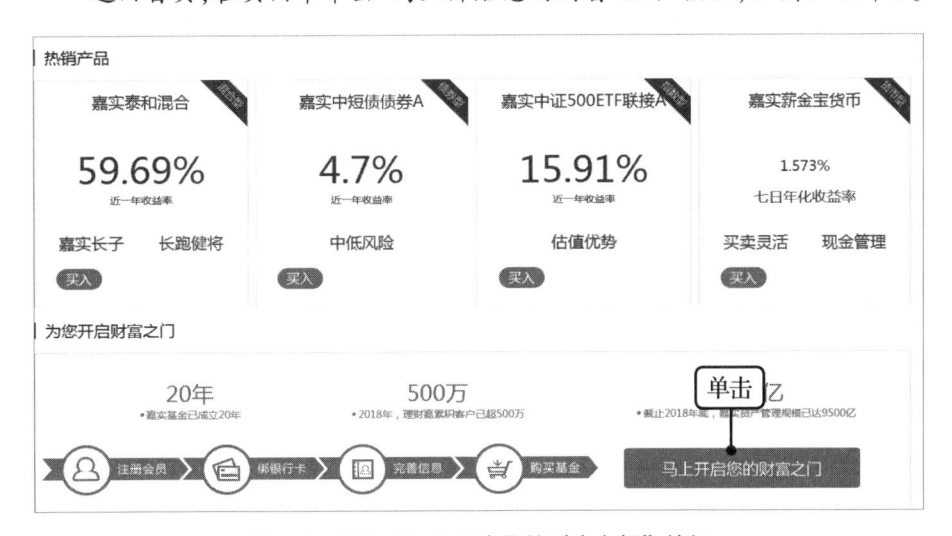

图 7-8　单击"马上开启您的财富之门"按钮

进入基金超市页面，在页面中选择适合的基金，单击基金名称右侧的"买入"按钮，如图 7-9 所示。

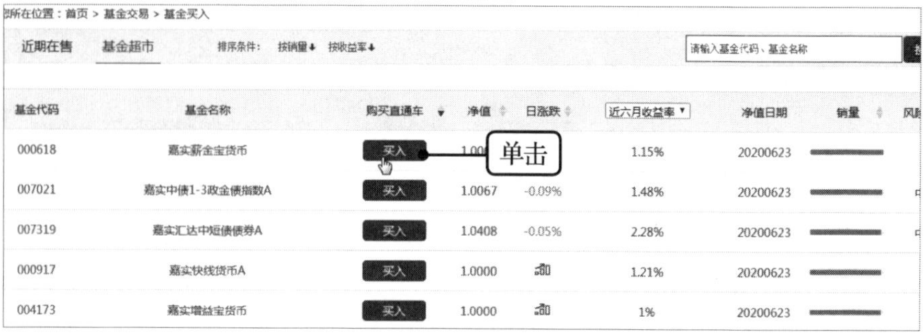

图 7-9 单击"买入"按钮

然后根据页面提示完成资金转入即可买入基金。

7.3.2 第三方平台购买

市面上有很多第三方金融服务平台，这些平台也提供基金买卖服务，例如天天基金网、支付宝蚂蚁财富以及腾讯理财通等。在第三方平台中，基金的种类更丰富，投资者的选择范围更广；投资者也可以定制一些定投计划，例如一些工资理财计划，自动设定资金转入的时间和转入金额。

另外，第三方平台在基金交易费率方面会有一定的折扣，可以降低投资者的投资成本。

下面以腾讯理财通为例进行介绍。

案例实操

通过腾讯理财通购买基金

腾讯理财通不用单独下载 App 增加手机内存负担，直接利用微信即可进入。通过微信支付页面进入腾讯理财通，并在页面中点击"基金"按钮，进入基金页面，在页面中点击"全部基金"按钮，如图 7-10 所示。

基金理财，投资专家专业管理 **第7章**

图 7-10 查看全部基金

进入"全部基金"页面，点击展开菜单按钮，选择基金类型，这里选择"股票型"选项，返回至"全部基金"页面。在页面中选择基金，如图 7-11 所示。

图 7-11 选择基金

进入基金详情页面，确认无误之后点击"买入"按钮。页面跳转至购买页面，输入买入金额，选择支付方式，选中同意服务前的单选按钮，点击"买入"按钮，如图7-12所示。最后根据页面提示输入支付密码即可。

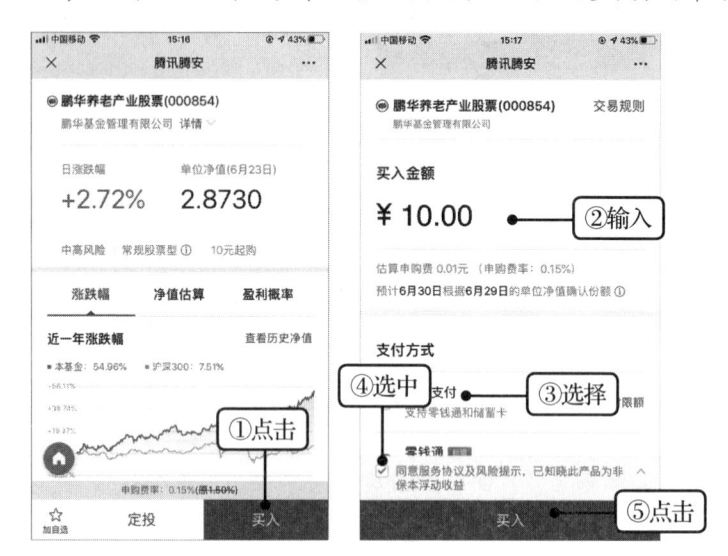

图7-12　买入基金

7.3.3　特殊的封闭式基金的申购方法

封闭式基金与开放式基金有很大的不同，我国的封闭式基金主要采用网上定价的发行方式。多数情况下，在发行期内，认购资金会大幅超过基金的发行规模，所以需要通过"配号摇签"的方式来分配基金份额。

封闭式基金的交易与股票类似，需要在证券交易所竞价交易。

投资者在申购封闭式基金时会有一个交易号，此号为投资者申购时的号码，在中签号公布之后，投资者可将自己的号码与中签号进行对比，看是否中签。封闭式基金的申购步骤大致如下。

办理申购。已有证券资金账户或基金账户的投资者可以直接进行申购；

没有相关账户的投资者则需先在当地基金销售网点开立基金账户。投资者根据自己的申购量，在基金账户中存入足够的资金，一旦申购手续开始办理，申购资金就会被冻结。

确认中签并解冻资金。若 T 日为申购日，在 T+1 日，基金公司会将申购资金划入登记结算公司账户；在 T+2 日，由登记结算公司进行验资并出具验资报告，确认为有效申购；在 T+3 日，基金公司进行摇号抽签；在 T+4 日，基金公司公布中签号码，对没有中签的申购款进行解冻。

封闭式基金的申购规则如下：

发行方式：网上定价发行。

发行对象：中国境内自然人、法人与其他组织。

发行面值：1 元/份。

发行费用：0.01 元/份。

申购价格：1.01 元/份。

申购地点：上海证券交易所、深圳证券交易所。

申购单位：每份基金单位。

申购份数：每个账户申购数量不得低于 1 000 份，超过 1 000 份的必须为 1 000 的整数倍。

申购限制：每笔申购不得超过 99.9 万份，可多次申购。

配号方式：分段配号，统一抽签。

封闭式基金申购的注意事项具体如下。

①已开立股票账户的投资者不得再开立基金账户。

②一个投资者只能开立和使用一个基金账户，不得开立和使用多个基

金账户进行申购。

③上海证券交易所的投资者必须在申购前办理完成上海证券交易所指定交易手续,在申购委托发出后,不得撤销。

另外,因为封闭式基金只能在证券交易所上市挂牌交易,所以封闭式基金的交易价格往往由二级市场上的供求关系决定,这就造成封闭式基金在交易中形成下列特点。

①开盘价与股票一样由集合竞价决定。

②交易方式实行 T+1 交易,当天购买的封闭式基金只能到下一个交易日才能操作卖出。

③除了首个交易日外,封闭式基金每天的涨跌幅限制在 10% 以内。

④投资者在交易封闭式基金时,需要向券商支付交易佣金,佣金费率由券商与投资者协商确定,不得高于成交金额的 3‰。

⑤封闭式基金交易不必支付印花税。

⑥实行指定交易制度,投资者开户的证券营业部是其买卖封闭式基金的唯一交易地点。如果投资者想在其他营业部交易,需要办理相应的转托管手续。

⑦封闭式基金的最小交易单位为 100 基金单位。

⑧在提交封闭式基金的买卖委托时,委托价格应以 1 基金单位为计价单位,申报价格的最小单位为 0.0001 元。

7.4 根据基金特性来做投资

根据前面的介绍我们知道了基金的种类有很多，且不同类型的基金具有不同的投资特点，所以投资者要在了解基金特点基础上，结合自己的投资风格，选择适合的基金类型。

7.4.1 激进投资者适合的股票型基金

激进型投资者指的是在投资中追求高收益，投资风险偏高品种的投资者。通常情况下，这类激进的投资者比较适合股票投资，赚取高收益，但对于对炒股不太熟悉的投资者来说，直接进入股市炒股无异于自断收益可能性，所以这类投资者可以考虑投资股票型基金。

投资股票型基金与投资者直接投资股票市场相比，风险分散。因为个人投资者精力有限，直接投资股市往往只能关注少数几只股票，而股票型基金中专业的基金经理或团队可以将资金投入到数十只潜力股中，从而达到分散投资风险的目的。

股票型基金既可以使投资者享受股票投资的高收益，也能使投资风险低于直接投资股市的风险，所以备受青睐。下面我们来具体认识一下股票型基金。

股票型基金又被称为股票基金，根据中国证监会的规定，股票基金指的是80%以上的基金资产投资于股票的基金。股票基金根据不同的划分方式也分为不同的类型，如下所示：

按照股票规模划分。 按照股票市值大小可以将股票分为大盘股票、中盘股票和小盘股票。同样的,专注于投资小盘股票的基金就称为小盘股票基金;专注于投资中盘股票的基金就称为中盘股票基金;专注于投资大盘股票的基金就称为大盘股票基金。

按照股票性质划分。依据股票的不同性质进行划分可以将股票分为价值型股票和成长型股票。价值型股票指收益稳定、价值被低估且安全性高的股票,其市盈率和市净率通常较低;成长型股票指收益增长速度快,未来发展潜力较大的股票,其市盈率和市净率通常较高。因此,专注于价值型股票投资的基金称为价值型股票基金;专注于成长型股票投资的基金称为股票型基金;同时专注于投资价值型股票和成长型股票的基金称为平衡型基金。

按照基金投资行业方向划分。同一行业内的股票往往表现出类似的特性和价值趋势,以某一特定行业或板块作为投资对象的基金就称为行业型股票基金,例如消费行业基金、医疗行业基金以及环保行业基金等。

对股票基金有了大致了解后,我们可以正式投资了。股票基金投资有两点内容需要重点注意,即选择适合的股票基金和选择适合的时机买进,下面一一介绍。

(1)选择适合的股票基金

市面上的股票基金有很多,且风格各异,投资者想要从众多的基金中寻找到适合自己风格的股票基金,可以从收益率和投资风格两个方面入手,这里以天天基金网为例。天天基金网是进行基金理财比较常用的工具,可以满足投资者的各类投资分析需求。

进入天天基金网,选择一只感兴趣的股票基金,进入详情页面。此时页面的最上方会显示基金的各类基础指标,包括单位净值和累计净值,以及各个时间的涨幅等,查看非常方便,如图7-13所示。

图 7-13 查看基金业绩指标

除了业绩之外，我们需要进一步查看基金的收益率情况。收益是直接判断基金能否为投资带来回报的关键，收益率高的基金更具有投资价值。需要注意的是，查看收益率时，不仅要关注短期收益率，还要查看长期收益率，因为股票基金投资多以长线投资为主，以抵御短期波动风险。图 7-14 和图 7-15 所示为汇丰晋信科技先锋股票基金（540010）的累计收益率短期走势、长期走势图。

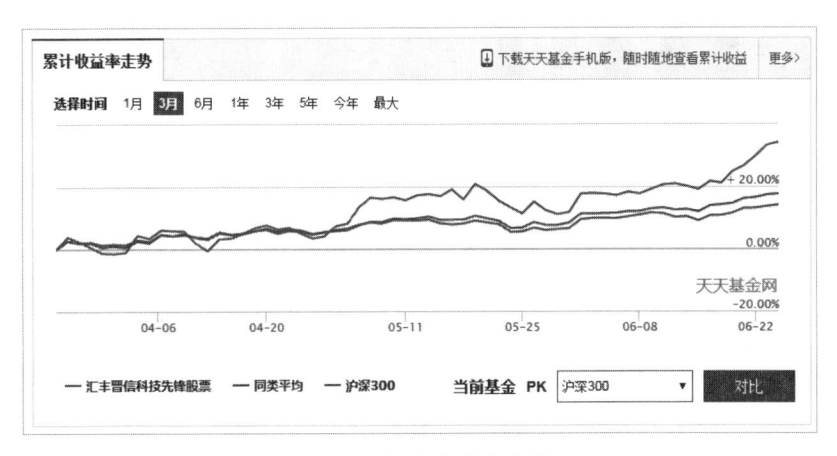

图 7-14 短期收益率走势

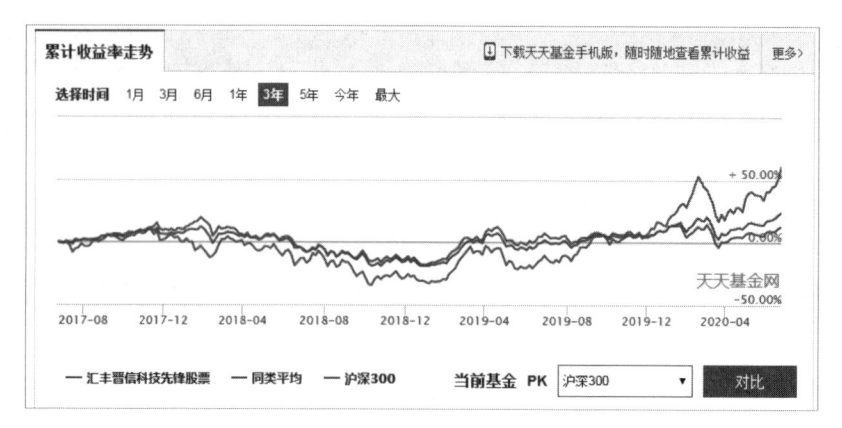

图 7-15　长期收益率走势

随后，投资者需要进一步查看基金规模情况。通常，规模越大的基金，因为购买人数多，发生价格大幅波动或被动清盘等不可控风险的概率就越低，但如果规模过大，则不利于在动荡的市场中及时做出换仓操作；规模过小又没法进行合理的配置，所以应选择规模适中的基金。

将页面拉至下方，查看基金规模，如图 7-16 所示。

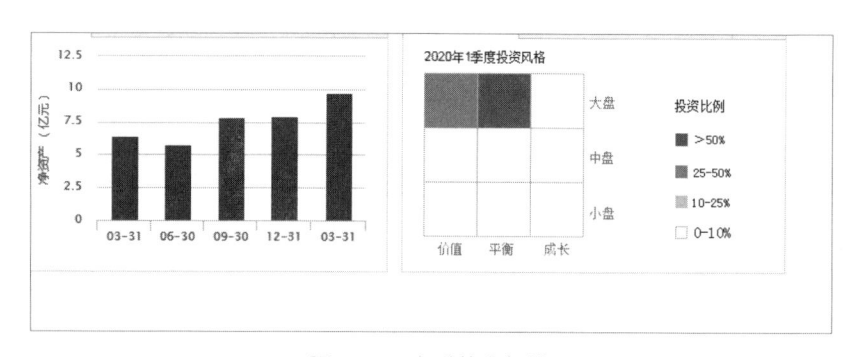

图 7-16　查看基金规模

从图中可以看到基金的规模变动情况和九宫图，它是评断该基金规模是否适合自己的关键。尤其是右侧的九宫图，它将影响基金业绩表现的两项因素排列出来，即股票基金投资的规模和风格。

九宫图以横向和纵向划分，横向是 3 种投资策略：价值型、平衡型和成长型；纵向是三种股票种类：大盘股、中盘股和小盘股。

◆ 纵向

以基金持有的股票市值为基础，把股票基金投资的规模风格划分为大盘、中盘和小盘风格。

大、中、小盘风格的股票的区别在于：小盘类的股票波动比较大，也很容易受大资金控制；而大盘风格的股票相对来说更稳定，不会大涨大跌。

◆ 横向

以基金持有的股票价值和成长特性为基础，把股票基金投资的价值－成长风格划分为价值型、成长型和平衡型。

价值型基金。追求稳定的经常性收入，一般以大盘蓝筹股为主，像一些金融、公用事业的股票是价值型基金比较常投资的对象。

成长型基金。追求资本增值，主要以良好的增长潜力股为投资对象，像科技类和新兴行业的股票。

平衡型基金。介于以上两种类型之间的基金。

从投资风险上看，成长型＞平衡型＞价值型。

在九宫图中，风险最小的投资风格是大盘价值型，风险最大的是小盘成长型。因此，如果属于稳健型投资者，应在偏向稳健风格的基金中寻找投资对象，而激进型的投资者可以多考虑小盘股基金。

（2）买入股票基金的时机

股票基金中80%以上的资金都投资于股票市场，股市行情的好坏直接影响了股票基金的业绩情况，因此投资者投资股票基金时不能忽略大盘走势。当大盘经过一段时间的上涨，处于相对高位时，投资者介入需要谨慎，因为此时整个市场都处于疯狂中，股价随时可能触顶下跌转入熊市。但是，在股价经过一轮下跌后的相对低位处，投资者要懂得适时抄底，把握机遇，及时建仓和补仓，在股市低迷而实体经济仍然看好的情况下，往往是入市相对较好的时机。

案例实操

大盘走势下的买入机会

图 7-17 所示为上证指数 2018 年 2 月至 2019 年 2 月的 K 线走势。

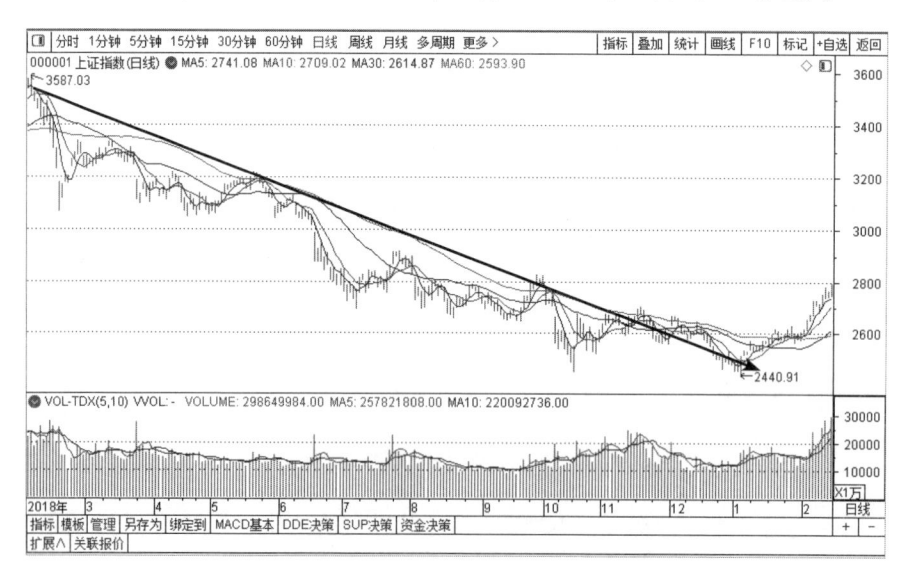

图 7-17　上证指数 2018 年 2 月至 2019 年 2 月的 K 线走势

从图中可以看到，这段时间大盘处于单边下跌的行情中，并没有很好的买入机会，上证指数从 3 587.03 下跌至最低 2 440.91，跌幅达到 32%。此番下跌持续了近一年的时间。

2019 年 1 月上证指数明显止跌回升，短期均线调头向上，中、长期均线走平，出现向上迹象。在长期下跌后的低位区域出现该现象，说明后市可能看涨，此时为投资者抄底介入建仓的好机会。

图 7-18 所示为上证指数 2018 年 12 月至 2019 年 4 月的 K 线走势。

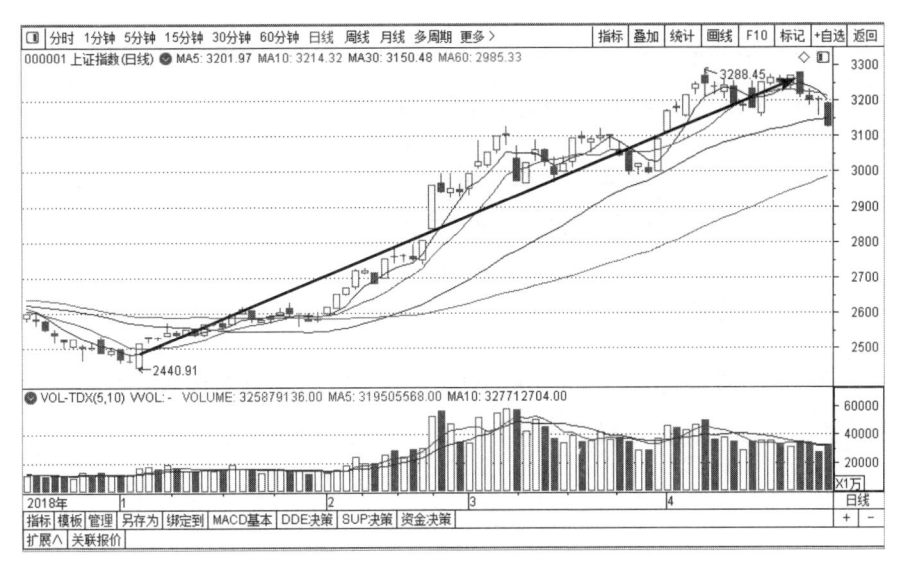

图 7-18　上证指数 2018 年 12 月至 2019 年 4 月的 K 线走势

从图中可以看到，果然上证指数在 2019 年 1 月的 2 440.91 触底。随后转入上升行情中，移动均线呈多头排列，上证指数最高涨至 3 288.45，涨幅达到 34%。说明 2019 年 1 月确实是一个较好的买入时机。

理财贴示　*理性看待大盘*

股票基金确实受到股市的影响比较大，大盘的走势也能够帮助投资者分析合适的买进卖出机会。但是需要注意的是，大盘上涨并不意味着所有的股票都上涨，同理，大盘下跌也不是所有股票都下跌，因此，在买入股票基金时可以将大盘走势作为一个参考指数，但不能只看大盘，还要实际查看基金的具体表现。

7.4.2 稳健型投资者适合的债券和货币基金

稳健型投资者与激进型投资者不同,相对于收益他们更关注投资的安全性,风险承受能力相对较弱,比较倾向于一些低风险的投资品种。对于这类投资者而言,债券基金和货币基金比较适合。

债券基金和货币基金相比股票基金来说,风险要低很多,同时获得的收益也低很多,属于稳健、保守型投资。

（1）认识债券基金

债券基金是以国债和金融债等固定收益类金融工具为投资对象的基金,根据基金管理人的资金投资比例情况,可以对债券基金进行分类,具体如表 7-4 所示。

表 7-4 债券基金的类型

类型	内容
纯债基金	基金资产只投资于债券,不投资股票的基金。在债券基金中纯债基金的风险最低。纯债基金根据投资时间的长短又分为短期纯债基金和中长期纯债基金
混合债券型一级基金	简称为"一级债基",基金中至少 80% 仓位的资金投资于债券,其余的资金可投股票一级市场和可转债。一级债基原则上是不能直接参与股票二级市场交易的。所持有的股票的来源有两个方向：一个是股票一级市场（即"打新股"）,第二个是因可转债转股而持有的股票
混合债券型二级基金	简称为"二级债基",基金中至少 80% 仓位的资金投资于债券,其余的资金可直接买卖股票。二级债基可以理解为一级债基的延伸,二级债基不仅可以投资一级市场和可转债,亦可投资于股票二级市场,即直接买卖股票（仓位均不高于 20%）

因为债券基金中 80% 甚至全部的资金都投资于债券,所以债券基金具备了强稳定性,甚至衍生出如下所示的优势。

债券基金的收益稳定。 因为债券基金中的大部分资金都投资于债券，所以基金具有稳定的利息回报，到期还本付息，这使得债券基金具有收益稳定的特点。

债券基金的风险低。 债券基金通过对不同债券的组合投资，有效降低了投资者的资金风险。

债券基金的费用低。 因为债券基金没有复杂的投资操作过程，所以债券基金的管理费用较低，这使得债券基金的投资成本更低。

虽然债券基金的风险较低，但并不是完全没有风险的，投资债券基金仍然要面临一些风险，主要有以下四点：

利率风险。 债券的价格与市场利率密切相关，当市场利率上升时，债券价格普遍下降；当市场利率下降时，债券价格则呈上升。债券的到期时间越长，债券价格受到市场利率的影响就越大，相应地，债券基金受到市场利率的影响也就越大。

信用风险。 国内一些上市公司发行的公司债，信用等级较低，但债券收益率高于同类信用等级更高的债券。但是如果债券发行人不能按时支付利息或者偿还本金，该债券就面临很高的信用风险。如果债券信用等级下降，将会导致该债券价格下跌，投资这一债券的基金的资产净值也会随之下降。

提前赎回风险。 提前赎回风险指的是债券发行人可能在债券到期日之前回购债券的风险，当市场利率下降时，债券发行人可以用更低的利率融资，因此可以提前偿还高息债券。持有附有提前赎回权债券的基金不仅不能获得高息收益，而且还会面临再投资风险。

通货膨胀风险。 通货膨胀风险也是债券基金投资者不能忽视的，通货膨胀会吞噬掉固定收益的购买力，因此成熟的投资者常常把债券基金和股票基金一起列入资产配置的范围。

（2）认识货币基金

货币基金是市场中比较常见的一种基金类型，它主要是将资金投资于短期货币工具，包括国库券、银行定期存单、政府短期债券、企业债券以及商业票据等短期有价证券。因为货币市场工具通常由政府、金融机构以及信誉可靠的大型企业发行，因此货币基金的风险非常低。

相较于其他类型的基金，货币基金有以下几个特点，具体如表7-5所示。

表7-5 货币基金的特点

特 点	内 容
安全性强	货币基金最为人称颂的优点在于其安全性强，因为货币基金的投资对象主要是一些低风险的货币市场工具，所以相比其他类型的基金而言，货币基金的安全性最强。虽然货币基金的合约中不会有保证本金安全的条款，但是实际投资中，因为货币基金低风险的投资性质，所以甚少出现本金亏损的情况
流动性强	货币基金的流动性强，其流动性甚至可以和活期储蓄相媲美。货币基金买入卖出都非常方便，资金到账时间也非常快，有的快速赎回甚至在两个小时以内就可完成
投资成本低	货币基金投资不收取申购费、赎回费等手续费用，真正意义上实现了零投资成本，这样就为资金的流进流出降低了投资成本
收益稳定	货币基金的收益水平与国债投资类似，因为货币基金除了投资一般的短期货工具外，还可以进入银行、回购市场以及票据市场。通常这些投资工具的收益率在发行时就已经固定，实际收益率与预期收益率相差不大，因此货币基金能够给投资者带来稳定的收益
分红免税	货币基金的面值保持在1元，收益每天计算，每个交易日都会有利息收入，且一直享受福利收入；另外基金每月的分红自动转为基金份额，基金分红免征所得税

市面上的货币基金有很多，投资者投资时需要注意以下几个问题。

◆ 区分货币A和货币B

细心的投资者会发现，在买入货币基金时常常会看到一些基金名称为货币A或货币B，甚至是货币C的产品，它们有什么区别吗？实际上，货币A、货币B都是同一只基金，只是在最低申购份额和销售服务上有所区别。货币A的最低申购份额较低，一般在1～1 000元，常见的为100元。货币B的最低申购份额一般为500万元，购买者通常为机构投资者。

货币基金A的销售服务费略高于货币基金B，所有货币基金B的分红都要略高于货币基金A。一般货币基金A的销售服务费用是0.25%，货币基金B的销售服务费用是0.01%。

◆ 货币基金规模的选择

市场中的货币基金，有的规模较大，有的却很小，投资者应该如何选择呢？我们可通过图7-19所示的模型，查看基金规模与收益的关系。

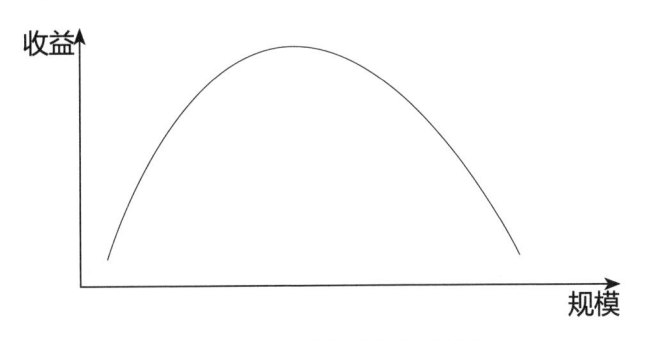

图7-19 货币基金规模与收益的关系

可以看出，基金的规模越大，并不意味着收益率越高，相反，中等规模的基金其收益率最高。所以投资者在选择货币基金时，要尽量选择中等规模的基金，通常100亿元到400亿元这样的规模属于中等。

◆ 7日年化收益率和万份收益

购买货币基金时会发现货币基金的收益率指标有两个,即7日年化收益率和万份收益。此时要注意,选择货币基金时,不要选择7日年化收益率高的货币基金,应该选择万份收益高的货币基金,因为后者收益率更高。7日年化收益率代表的是过去7天的盈利水平,并不代表未来的收益水平;而万份收益指标越高,则投资者得到的投资回报就越高。

7.4.3 保本基金在保本的前提下追求收益

很多投资者之所以不敢贸然投资,就是担心本金受损,但是有这么一款基金能够保证投资者实现约定比例收益且本金不受损,这样一来就大幅降低了投资者的顾虑,这就是保本基金。

保本基金指的是在一定的保本周期内(一般为3年),对投资者所投入的本金提供一定比例的本金保本,并在这个前提下有获得超额收益可能的基金产品。投资者可以选择100%本金保本,也可以选择80%本金保本,保本比例不同,最终的收益也不同。保本比例越高,收益也就越低。

一般来说,保本基金将大部分资金投资于固定收入债券,以保证基金期限届满时能够支付投资者的本金,其余资金投资于股票等工具以提高基金收益。因此,保本基金是风险承受能力偏低,既不希望本金受损,又希望能获得一定收益回报的投资者的首选。

保本基金是一种风险很低的基金品种,在现有的基金产品中,保本基金的投资风险是最低的,具有以下三个特点:

①**保障本金**。保障本金是保本基金的最大特点,在基金招募说明书中明确引入了保本保障机制,以保证募集份额持有者在保本周期到期时,可以获得投资本金。

②半封闭性。保本基金的半封闭性指保本基金通常有一个规定的保本期，基金持有人只有持有该保本基金到期才能够获得保本的保证。如果投资者在保本期内赎回则不会获得保本保证，投资者需要自己承担基金净值波动的风险，还可能承担一定的赎回费用。另外，保本期内一般不接受基金的申购。这种半封闭性使得保本基金较适合于以中长期投资为目标的投资人。

③具有增值潜力。保本基金本质上是一种混合基金，该类型基金锁定了投资亏损的程度，产品风险较低，但也不放弃追求高额收益的可能性。在保证投资者本金安全的同时，通过股票或各种金融衍生产品的投资分享证券市场的收益，具有较高的增值潜力。

7.4.4 追踪指数坐享收益的指数基金

指数基金实际上也是股票基金，因为该类基金的投资对象基本上为股票，但是指数基金与股票基金又有明显区别。指数基金属于被动型管理基金，以特定指数，如沪深 300 指数、标普 500 指数、纳斯达克 100 指数及日经 225 指数等为标的指数，并以该指数的成分股为投资对象，通过购买该指数的全部或部分成分股构建投资组合，以追踪标的指数表现的基金产品。

指数基金根据不同的标准也可以进行如下划分，如表 7-6 所示。

表 7-6 指数基金的分类

分类标准	类 型	内 容
按照复制类型进行划分	完全复制型指数基金	完全复制型指数基金指完全按照跟踪指数的成分股及权重比例买入投资标的，最大限度地缩小与跟踪指数之间的差距的基金
	增强型指数基金	增强型指数基金指大部分基金资产按照基准指数进行配置后，余下的资产进行主动性投资的基金。这类基金主要是想要在紧跟指数的同时获得高于跟踪指数的收益

续表

分类标准	类　型	内　　容
按照交易机制划分	封闭式指数型基金	可以在二级市场做交易，但是不能进行申购和赎回操作
	开放式指数型基金	可以在基金公司或代销机构进行申购和赎回操作，但是不能在二级市场中进行交易
	指数ETF	该类基金可以在二级市场中交易，也可以直接申购或赎回
	指数LOF	该类基金可以在二级市场中交易，也可以直接申购和赎回
按照跟踪的指数划分	大盘指数型基金	以大盘中的各类指数为目标指数的基金，包括上证50、沪深180、沪深300和中证500等
	行业指数型基金	以某一行业为跟踪目标，基金收益与该行业指数的变化情况保持同步的基金，常见的行业指数型基金包括医疗指数基金、银行指数基金以及证券保险指数基金等

因为指数型基金跟踪大盘指数的特性，使其在一众基金中具有相应优势，具体内容如下：

◆ 对于个人投资者而言，想要获得平均收益，跟踪某个指数是比较便捷的一种投资方式。

◆ 指数基金相对股票基金而言涨跌幅度更小，风险也更低。

◆ 管理费用便宜，指数基金采取了一种购买并持有的策略，所持有股票换手率很低，管理的费用相对也较为便宜。

◆ 长期持有盈利性更强，从长期的角度来看，股票指数的整体趋势是向上的，所以投资指数基金基本是会盈利的。

职场理财

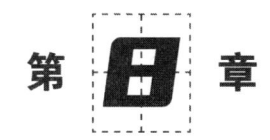

第 8 章

保险理财，具备危机意识防患于未然

我们没有预测未来的能力，更不能保证意外或事故不发生，但我们可以提高危机意识，防患于未然，保险就可以帮我们实现。保险，是对未来生活的一种保障，它既能够帮助我们抵御未知的风险，避免遭遇意外打击，还能作为一种投资理财方法，使财富增值。

8.1 "保障"与"理财"双管齐下

很多人对保险的认识并不多,以为它就是单纯的保障性产品,当意外发生时,可以转移风险,保障生活。但是,保险除了具备保障功能之外,还具有理财功能。市面上有很多保险理财产品,在保障投保人生命健康的同时,还具有理财价值,投保人可以获得不错的投保收益。下面我们来具体看看。

8.1.1 认识投资型保险的保障与增值功能

投资型保险是人寿保险的一个分支类型,属于创新型寿险,是为防止经济波动以及通货膨胀对长期寿险造成损失而设计的,之后逐渐演变成了客户与保险公司风险共担、收益共享的金融投资工具。

从上述投资型保险的概念可以看出,投资型保险具有人寿保险的保障性的特点,同时,作为一种金融投资工具又具备了增值的特点。

简单来说,投资型保险在传统保险的基础上增加了投资账户,使得投保人在获得人寿保障的同时也获得收益。

投资者需要注意对投资型保险的"投资收益"的理解,即投保人的保险收益是怎么来的。实际上,投资型保险产品将资金分成了两个部分:保险保障和投资单位,即一份是保险保障,另一份是储蓄投资。也就是说,保险资金在做好投保人保险保障的前提下,用投资账户中的资金进行投资,而并非将全部的保险金用于投资。

因此，投资型保险的核心功能还是保障功能，投资是保险的增值功能，适合那些既想要通过保险保障自身，又想要通过投资获得一定收益的投资者。

投资型保险与传统消费型保险的对比，如表 8-1 所示。

表 8-1 投资型保险与传统消费型保险的对比

项　目	投资型保险	消费型保险
保额	高	低
保险责任	多	少
现金价值	有	无
管理账户	一般账户及投资账户	一般账户
投资风险	投保人自己承担投资风险	保险公司承担

8.1.2　一份保险的组成要素

一份保险只有具备了合法的法律效力，才能使投保人享受相关的权益并承担义务。所以我们在投资之前要了解一份保险合同中有哪些重要的因素，这样才能更好地理解保险理财。

一份保险合同具备的重要因素如表 8-2 所示。

表 8-2 保险合同的重要因素

重要因素	内　容
投保人	投保人指与保险人订立保险合同，并按照保险合同内容支付保险费用的人
保险人	保险人是指与投保人订立保险合同，并承担赔偿或给付保险金责任的责任人，只能是法人，即保险公司
被保险人	指受保险合同保障的人，在部分保险中，被保险人和受益人不能是同一个人

续表

重要因素	内容
受益人	指人身保险合同中由被保险人或投保人指定的享有保险金请求权的人，一般是保险金的获得者
保费	购买保险的费用，即投保人交给保险公司的钱
保险金	当保险事故发生后，受益人领到的钱
保额	保险公司承担的最高赔偿限额
保单	投保人与保险人约定保险权利义务关系的协议
保险标的	作为保险对象，保险标的包括两类，一类是财产及其有关利益，另一类是人的生命和身体
除外责任	保险公司不予赔偿的情况，如被保险人违法的行为等
缴费期	投保人向保险公司缴费的时间
保险期	从合同生效到保险终止的时间，保险期不等于缴费期
缴费方式	分为一次性缴费或多次缴费
核保	保险公司对保险对象进行评估，决定是否接受保险的过程
索赔	保险事故发生后，投保人和受益人向保险公司索赔的过程

8.1.3 保险的种类介绍

市面上的保险种类有很多，常常令人眼花缭乱。投资者需要对保险的类型和特点有所了解，从而让投保更顺畅。保险的分类方式也有很多，下面进行具体介绍。

◆ 按照经营性质划分

按照经营性质划分可以将其分为社会保险和商业保险。社会保险即社保，是国家强制社会多数成员参与的，将其收入的一部分作为社会保险费形成社会保险基金，用以对其中因年老、疾病、生育、伤残、死亡和失业而导致丧失劳动能力或失去工作机会的成员提供基本生活保障的一种社会保障制度。

商业保险指以盈利为目的的保险形式，有专门的企业经营管理，具有有偿性、公开性和自愿性的特点。

◆ 按照标的物划分

按照保险标的物的不同进行划分，可以将其分为财产保险和人身保险两大类型。财产保险的标的物为承保的财产及其有关利益，包括财产保险、农业保险、责任保险、保证保险和信用保险等。

人身保险的标的物为人的寿命和健康，包括人寿保险、健康保险、少儿保险、养老保险和意外保险等。

◆ 按保险人是否承担全部责任划分

按保险人是否承担全部责任可将其分为原保险和再保险。原保险指保险人与投保人之间直接签订保险合同，并建立保险关系的一种保险。再保险指保险人将其承担的保险业务部分转移给其他保险人，以将其所承担的部分风险和责任向其他保险人进行转移的行为，转让业务的是原保险人，接受分保业务的是再保险人。

◆ 按照保障主体划分

按照保障主体划分可以分为个人保险和团体保险两类。个人保险指为满足个人或家庭需求，以个人作为承保单位的保险。团体保险指的是以团体作为保险对象的保险。

除了上面介绍到的保险类型之外，随着社会和经济的发展，为了满足各种各样的投保人的需求，新的险种还在不断增加中，例如电子账户被盗险，这类保险是为了保护如支付宝等电子账户的安全。

8.1.4 保险的投保与理赔

投保和理赔是保险投资的两个重要环节,也是直接影响投资者利益的环节。投保即投资买保险,在如今的互联网经济下,投保已经非常便捷了,足不出户就可以在网上轻松办理。

◆ 第一步,选择购买平台

网上购买保险的平台很多,例如保险公司的官方网站、保险商代理销售网站以及银行官网等,投资者可以在购买之前对多个平台进行对比查看,选择一个适合的平台进行购买。

◆ 第二步,挑选保险品种

保险的种类有很多,例如寿险、意外险、分红险以及投连险等,投资者需要结合自己的实际情况进行选择,最重要的是投资者想要通过该保险保障到什么,是健康,还是资产。

◆ 第三步,产品相关信息

选择好产品之后,投资者还要认真阅读产品的相关信息,包括产品说明书以及风险提示书,注意被保险人、投保人的相关要求和条件。

◆ 第四步,网上支付

投资者提供银行卡号,并通过网络进行支付,缴纳第一次所需支付的全部保费。

◆ 第五步,客户回访

支付成功之后,保险公司会做客户回访,确认投资者的购买情况,回访成功之后保险合同即生效。一般客户回访是通过电话的方式进行。

通过上述的流程,我们可以看到保险的投保流程非常简单,也非常方便。但是很多人之所以不愿意购买保险,是因为他们对保险的认知只停留在"买保险容易,理赔却难"的层面,担心后期保险的理赔服务得不到应有的保障。实际上,只要选择正规的投保平台,保险的理赔是很方便的。

保险的理赔分为两种,一种是商品类保险,即寿险、意外险等的理赔,另一种是投资类分红、收益的收回,下面我们分别来介绍。

对于商品类保险的理赔,很多人之所以觉得理赔难是因为他们没有认真阅读保险条款,一般保险的理赔需要经历如下所示的流程。

①出现意外事故之后,首先要联系保险公司进行立案。

②立案后,准备理赔需要的资料,等待保险公司分析理赔的具体情况。

③保险公司对投保人、被保险人或受益人提供的证明资料进行审核。

④保险公司对保险事故进行鉴定和审核。

⑤保险公司对理赔案例进行审核后,确定保险责任,并进行赔偿。

⑥理赔成功之后,受益人可在对应账户查询理赔的保险金是否到账。

如果在理赔过程中投资者存有异议,觉得保险公司拒赔或少赔的,可以向当地的保监会进行投诉。另外,在进行保险理赔时,要事先准备好相关的资料,才能让理赔更顺畅,具体资料如下。

①保单的正本或副本,不能用复印件替代。

②被保险人、受益人、代理人的身份证明以及关系证明文件。

③受益人的银行活期账号,需提供账号及银行卡复印件。

④风险事故证明书,如住院证明、死亡证明等文件。

对于投资理财类保险的理赔也很简单,在购买产品时通常就会要求投资者绑定受益人的账户,到期后收益和分红会自动转至相关账户中,整个过程非常便捷。

8.2 职场小白怎样为自己选择保险

保险的类型有很多，即便是投资型保险也有很多类型。职场小白想要通过保险实现自己的理财计划，就需要从中选择出真正适合自己的保险类型。

8.2.1 社会保险——基础性保险

社会保险在前面简单介绍过，它是国家强制要求购买的一种社会型保险。对于初入职场的小白来说，社会保险是一种比较适合的基础性保险，能够对我们的医疗、养老、失业、工伤以及生育进行保障。所以，社会保险也就是人们常说的"五险一金"中的五险，包括养老保险、医疗保险、失业保险、工伤保险和生育保险，具体介绍如下：

（1）养老保险

养老保险指劳动者达到法定退休年龄或条件后就可以在社会保险部门指定的地方领取养老金，用于保障退休之后的基本生活用需的保险。

但是想要领钱就需要满足条件，首先退休前养老保险要交满15年，如果不够15年则不能领取。但是个人交的部分会退还给个人，而公司交的部分则不能领取。另外，职工还要达到法定的退休年龄，并且已经办理了退休手续才可以领取。

需要注意的是，交满15年并不是只交15年。15年是退休后享受养老金待遇的最低年限要求，缴费时间的长短会直接影响退休后养老金的领取额度，所以缴费的时间越长，退休后领取的钱也就越多。

此外，达到法定退休年龄时累计缴费不足 15 年的，可以缴费至满 15 年后按月领取基本养老金，也可以转入新型农村社会养老保险或者是城镇居民社会养老保险，按照国家规定享受相应的养老保险待遇。

职工退休后可以享受的养老保险待遇如下：

①按月领取养老金。

②死亡后，遗属可以领取丧葬补助金和抚恤金。

③享受每年的养老保险待遇上涨的权益（为了应对通货膨胀，国家建立了养老金的调整机制，每年提高养老保险的待遇水平）。

（2）医疗保险

医疗保险主要是用于员工日常看病拿药，它分为两个部分，即个人交纳部分和企业交纳部分。个人交纳的部分会存到个人账户中，类似于银行卡，看病拿药可以直接刷卡，但是不能取现。

企业交纳的部分将全部进入统筹基金，当出现生大病的情况时，员工就可以通过医疗保险进行部分报销。

（3）失业保险

失业保险指对因失业而暂时中断生活来源的劳动者提供物质帮助以保障其基本生活，并通过专业训练、职业介绍等手段为其再就业创造条件的制度。

但是失业金领取时需要满足以下三个条件：

◆ 失业前用人单位已经为员工缴纳失业保险累计满一年。

◆ 非因本人意愿中断就业的。

◆ 已经办理失业登记，并有求职要求的。

其中需要重点理解的是第二点"非因本人意愿中断就业",即如果是企业破产倒闭导致员工失业,可以领取失业金,但如果是主动辞职造成的失业,则不能领取。

(4) 工伤保险

工伤保险指员工在工作期间受伤,或在某些特定的环境下遭遇意外或患上职业病,导致暂时或永久丧失劳动能力甚至是死亡时,劳动者或其遗属从国家和社会获得物质帮助的一种社会保险制度。

工伤保险的重点主要是对员工工伤范围的划定,具体如下:

①在工作时间和工作场所内,因工作原因受到事故伤害的。

②工作时间前后在工作场所内,从事与工作有关的预备性或者收尾性工作受到事故伤害的。

③在工作时间和工作场所内,因履行工作职责受到暴力等意外伤害的。

④患职业病的。

⑤因工外出期间,由于工作原因受到伤害或者发生事故下落不明的。

⑥在上下班途中,受到非本人主要责任的机动车事故伤害的。

⑦法律、行政法规规定应当认定为工伤的其他情形。

(5) 生育保险

生育保险主要是针对女性职工,指女性职工在生育期间不得不中断劳动时,由国家和社会提供津贴、产假和医疗服务的社会保险。另外需要注意的是,无论女职工的妊娠情况如何,都可以按照规定得到应得的补偿,即包括流产、引产等意外情况。

对于男性职工，缴纳生育保险的可以休带薪产假。若配偶没有参加职工医保、居民医保，而男性职工已经缴满 10 个月的生育保险，则生育医疗费用按"在职女职工"费用标准的 50% 享受。

综上所述可以发现，社保一方面具备保障性质，帮助投保人在面临疾病、失业以及工伤意外等情况时可以有效抵御风险；另一方面也具备一定的储蓄性质，例如养老保险，将现在工资中的一部分投入保险中，单位再交纳一部分，用于将来养老。

社保是基础性保障，按时积极缴纳社保可以保障一个人退休后的基本生活水平，对于薪酬水平不高的职场人士来说社保是一个很好的保险选择。

8.2.2 分红险——坐享分红收益

分红险是人寿保险的一种，但与一般的人寿保险最大的区别在于它具有分享红利的特点，即保险公司会在每个会计年度结束后，将上一会计年度该类分红保险的可分配盈余按照一定的比例，以现金红利或增额红利的方式，分配给投保人。

其中就涉及现金红利和增额红利两种分红方式。

◆ 现金红利

现金红利法指每个会计年度结束后，保险公司根据当年的业务盈余来确定可分配盈余，各保单根据对总盈余贡献值的大小来确定红利的多少。现金红利下的红利分配又分为以下三种方式：

留存保险公司累计生息。它指将红利留存于保险公司，按照公司每年公布的红利累计利率按复利方式累计生息，直至合同终止，或投保人申请领取时给付。

抵扣下一期保费。它指将红利收益用于抵扣投保人下一期应交保费金额。

以现金支取红利。它指直接用现金的方式发放红利。

◆ 增额红利

增额红利法指以增加保单现有保额的形式分配红利,保单持有人只有在发生保险事故、期满或退保时才能真正拿到所分配的红利。

在增额红利法下,投保人只能将红利用于增加原保单上的保险金额,而且红利的支配方式单一。这样的分红方式使保险公司没有了红利现金支付的压力,使其能在一定程度上增加长期资产投资的比例,进而提高总的投资收益。

既然分红险具有投资性,那么每一个投保人在投保前都会想要知道分红险的收益,即自己能得到多少回报。首先我们要清楚分红险的收益来源。

分红险中的红利来源是保险公司的可分配盈余,主要包括死差益、利差益和费差益,具体如下:

①死差益指保险公司实际的风险发生率低于预计的风险发生率,即实际死亡人数比预定死亡人数少时所产生的盈余。例如保险公司预计本年度可能会出现30人死亡,预备了3 000万元的赔偿金,但实际死亡人数为20人,赔偿了2 000万元,剩下的1 000万元就是死差益。

②利差益指保险公司实际的投资收益高于预计的投资收益时所产生的盈余。例如,保险公司预计本年度的投资收益为500万元,但实际投资市场较好,最终获得800万元的收益,其中300万元的差额就是利差益。

③费差益指保险公司实际的营运管理费用低于预计的营运管理费用时所产生的盈余。例如,保险公司预计本年度运营管理的费用需要500万元,但是通过控制成本、优化管理的方式,节省了管理费用,最终只用了400

万元，其中 100 万元的差额就是费差益。

知道了投保人享受的红利来源之后，具体红利的分配还是取决于保险公司分红保险业务的实际经营成果。根据《个人分红保险精算规定》，保险公司每一会计年度向保单持有人实际分配盈余的比例不低于当年可分配盈余的 70%。

但是不同的保单其保费、险种、保额和被保人情况等因素不同，所以分红险的保单红利分配的多少也存在差异，有的可能为几十元，有的可能上千元。投保人想要知道分红险红利的具体收益，可通过保险公司提供的保险利益测算表了解。

8.2.3 万能险——获得固定收益率

万能险除了与传统寿险一样给予投保人保护生命的保障外，还可以让投保人直接参与由保险公司为投保人建立的投资账户内资金的投资活动，保单价值与保险公司独立运作的投保人投资账户资金的业绩挂钩。

万能险之所以被称为万能，是因为客户在投保后可以根据不同阶段的保障需求和财力状况，对保额、保费以及交费期等进行适当调整。

投保人缴纳的保费分成两部分：一份放进保障账户用于保障；一份放进理财账户用于理财。投保人自己可以调整二者之间的比例，如果投保人买万能险的目的是保障，可以调高保障额度，让保障账户的资金更多一些；如果投保人的目的是理财，可以把保障额度尽可能调低，让保费尽量进入理财账户。

另外，还有一种平衡的方式，就是前期保持较高的年缴保费，过了一定时间之后直接用理财账户的收益去支付保障账户的保费，投保人也就不用再续交保费了。图 8-1 所示为万能险运作示意图。

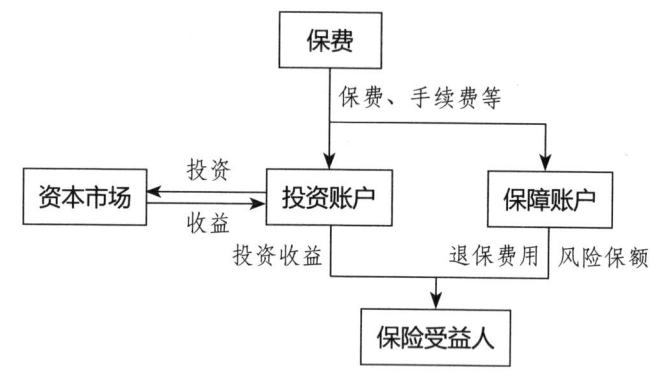

图 8-1 万能险的运作示意图

由此可知，万能险主要具有四个方面的特点：

◆ 万能险的缴费灵活

传统的寿险通常会强制性要求投保人每月或每年固定缴费，但是万能险的缴费基本不具备强制性。投资者在支付初期的最低保费之后就享有追加投资的权利，在以后各年中，投资者可根据收益情况，随时追加投资；只要保单账户内资金足够支付保单费用，投资者甚至可以暂停保费支付。

◆ 万能险的保额可调整

投保人能够依据自己的保障和投资的不同需求，在规定的范围内选择或者随时变更万能险的基本保额。

◆ 利率保底，灵活理财

投资者可以根据个人财务规划申请部分领取，这就使得万能险的投资更加灵活。

◆ 费用公开，结算透明

万能险不同于其他寿险，其扣费、成本、预期结算收益率和结算收益率都是清楚地写入合同中的。当投资者拿到保险通知书时，能清楚地了解保险公司对于自己购买的万能险的各项费用的运作。

在投资方面，万能险为投保人提供固定收益率，此外，还会视保险公司的经营情况予以不定额的分红，但是针对的只是扣除初始费、管理费以及保障成本费后的投资账户资金余额。

大部分保险公司公布的万能险利息结算方式都是采用月结算，即保险公司公布的年化收益率是以日利率乘以365天计算而来，因此万能险的月收益率计算公式如下：

月收益率 = 年化收益率 ÷ 365 × 当月天数

月收益率 = 日利率 × 当月天数

例如，保险公司公布的万能险年化收益率为4.5%，当月为30天，那么投保人的月收益率应为4.5% ÷ 365 × 30=0.37%。

需要注意的是，万能险的月结算利率是浮动的，保险公司会以银行每月更新的年利率为依据计算出当月的结算利率。

8.2.4 投连险——风险自担的保险类型

投连险也是一种具有保障性和投资性的保险，从名称便可知道，投资连接保险便是投连险。投连险根据投保人的投资风格设计了多种账户，每种账户中的投资组合不同，所以其收益率和投资风险自然也就不同。

通常来说，投连险设置了三类账户供投保人选择，具体如下：

基金账户。基金账户采用较激进的投资策略，通过基金指数投资与积极主动投资相结合的方式，力求获得高于基金市场平均收益的增值率，从而实现资产的快速增值，让投资者充分享受基金市场的高收益。

发展账户。发展账户采用较稳健的投资策略，所有投资行为的前提都是保证资产安全，然后再通过对利率和证券市场的判断，调整不同投资品种上资金的比例，力求获得长期、稳定的增长。

保证收益账户。采用保守的投资策略，在保证本金安全和流动性的基础上，通过对利率走势的判断，合理安排各类存款的比例和期限，以实现利息收入的最大化。

由此，我们可以得出投连险的优势，主要有以下四点：

①投连险中设置多个账户，投保人根据自己的需求自由选择账户类型，使投资风险更适合自己。

②投资账户资金交给专业的投资团队操作，比个人投资更有效。

③投连险首先注重投资，其次关注保障，即在为投保人提供可观收益的基础上，还提供部分保障，具有双重性。

④投连险的各项费用扣费清晰，缴费灵活具有弹性，能够满足投保人的不同需求。

但是，投连险也不是完美的，也存在一定的缺点，具体如下所示。

①保险公司不保证收益，投资的风险都由投保人自己承担。

②投连险前期有扣费，减少了保单可投资账户的价值。

③投连险不适合作为短期投资项目，适合长线规划。

因此，投连险与股票、基金投资一样，风险自担且不保本，并不适合风险承受能力较弱的投保人。同时操作投连险不能像操作基金那样，可在短时间内通过频繁买入和赎回获得高收益，它需要长期持有才能达到最好的理财效果。

8.3 慎重购买才能更保险

保险的历史比较悠久，市面上的保险公司多且杂，这虽然给投保人带来了便捷，但是也给投保人的购买带来了一定的难度，投保人只有选择正规的渠道购买才能避免遭受损失。

8.3.1 了解多种保险购买方式

随着保险行业和互联网的发展，保险的销售渠道呈现出多元化发展的特点，投保人购买保险也越来越便捷。下面我们介绍一些实用性强的购买方式。

（1）直接在银行购买保险产品

银行是依法成立的金融机构，也是大众比较相信和放心的金融机构，在银行购买保险的这一渠道更正规，且银行提供的保险产品种类丰富，可以满足投保人不同的保险需求，同时，投保人也能够享受到更多便捷的金融服务。

如今，投资者在各大银行基本上都能够购买到保险产品，下面以农业银行为例进行介绍。

案例实操

在中国农业银行购买保险

进入中国农业银行官网（http://www.abchina.com），在首页中单击"个人服务"选项卡，在弹出的菜单中选择"投资理财/理财"选项，如图8-2所示。

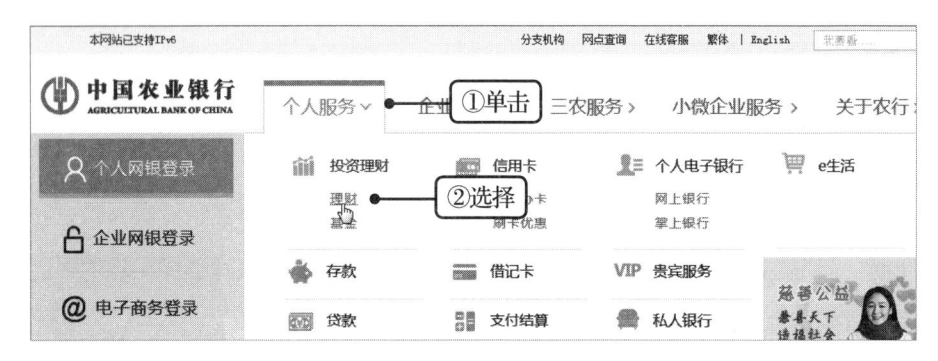

图 8-2 选择"投资理财/理财"选项

进入理财页面,单击"保险"按钮,如图 8-3 所示。

图 8-3 单击"保险"按钮

在产品筛选栏中,单击"保险类型"下拉按钮,在弹出的保险类型列表中选择"万能险"选项,再单击"查看筛选结果"按钮,如图 8-4 所示。

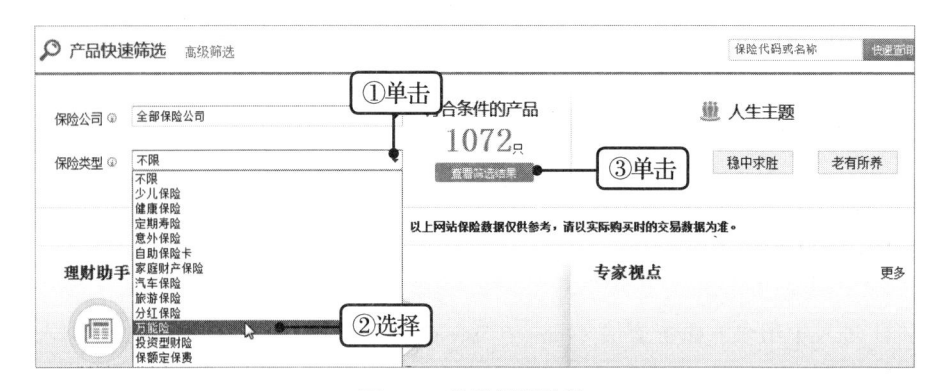

图 8-4 选择保险险种

进入保险产品页面,选择适合的保险产品,单击"购买"按钮,如图8-5所示,再完成相关账户登录和支付操作。

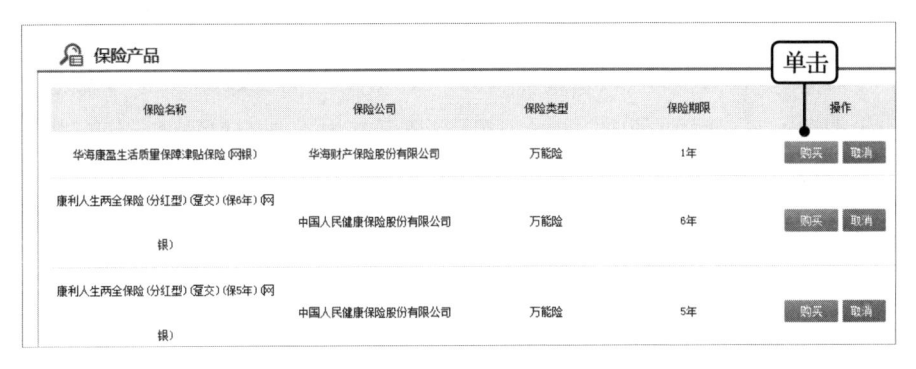

保险名称	保险公司	保险类型	保险期限	操作
华海康盈生活质量保障津贴保险(网银)	华海财产保险股份有限公司	万能险	1年	购买 取消
康利人生两全保险(分红型)(趸交)(保6年)(网银)	中国人民健康保险股份有限公司	万能险	6年	购买 取消
康利人生两全保险(分红型)(趸交)(保5年)网银	中国人民健康保险股份有限公司	万能险	5年	购买 取消

图8-5 购买保险

(2)第三方网络平台快速购买

第三方网络保险平台是指保险公司依托有成熟技术的第三方提供的网站平台进行保险产品的销售。大部分投保人之所以选择第三方平台,是因为第三方平台中的保险产品种类更多,选择的余地更多。

选择第三方平台时投保人要尽量选择自己熟知的,或者是知名的平台,尤其要注意平台的资质,可以根据以下几点来选择正规的第三方平台。

- ◆ 是否具备全国销售资质:有的第三方平台没有全国销售资质,仅有地区销售资质,这类平台的安全系数较低。
- ◆ 是否具有网站销售资质:根据《互联网保险业务监管暂行办法》的规定,第三方网络平台需取得保险业务经营资格,完成网站备案,具有安全可靠的互联网运营系统和信息安全管理体系等条件,才能开展互联网保险业务。
- ◆ 核实保险产品的真实性:第三方平台销售的保险产品都是由保险公司直接提供的,投保人可以在购买之前查询相关产品的正规性,从而判断该平台是否正规。

第三方平台有很多，例如微信、支付宝、京东金融以及向日葵保险网等。

（3）保险公司直接购买

保险公司即保险产品的直销机构。在保险公司直接购买省去了中介费和代理费，手续费更便宜。现在的保险公司基本上都有自己的官网，投保人可以直接在官网上购买，非常方便。

但是投保人在选择保险公司时应该注意以下三点：

考虑公司的类型。不同类型的保险公司，其经营范围和产品类型会存在不同，可供选择的保险公司包括汽车保险公司、财产保险公司、人身保险公司以及综合性比较强的保险公司。投保人要根据自己的投保需求选择适合的保险公司类型。

考虑公司的规模。一家公司的规模与其实力强弱密切相关，购买保险之后往往会涉及保险的理赔和投资收益的问题，如果选择的保险公司经济实力较弱，那么就可能存在赔付风险。因此，在购买之初，应该选择经济实力强、背景雄厚的保险公司。

考虑公司的服务。一家公司提供的服务也是投保人重点考虑的内容，因为一份保单往往涉及的时间期限比较长，有的人寿险可能长达几十年，因此投保人有必要选择一家服务质量高的保险公司。

实际上，知名的、正规的并且实力强劲的保险公司有很多，例如平安保险、太平洋保险、中国人寿保险以及阳光保险等。

8.3.2 投保也要货比三家

货比三家是大部分人日常消费中的习惯，一方面避免自己吃亏，另一方面也能够让自己买到性价比更高、更心仪的产品。同样的,投保也需要货比三家,才能够买到真正优质的保险产品。

保险的对比与日常的衣服对比不同,衣服这类商品对比时往往从价格、质量和款式上入手,但保险作为一种金融产品其对比的维度更广,也更复杂,主要包括下面几个方面。

价格的对比

价格几乎是所有投保人进行保险对比时考虑的第一要素,一方面投保要考虑投资成本,另一方面也要结合自身的经济实力,所以要选择自己能够接受的,价格比较适合的保险产品。

不同的公司推出的同类保险产品价格会存在差异,而且即便是同一家公司推出的同类型产品,产品之间也可能出现价格差异。所以投保人有必要在选择保险产品时比较价格。

那么,为什么同类型的产品会存在一定的价格差异呢?这是因为不同的公司,其管理成本、运营成本以及公司自身的投资收益水平存在差异,从而产生价格差异。另外,即便是同一家公司的同类产品,由不同的管理团队投资管理,也会出现价格差异。很少有费率完全相同的保险产品。

公司的偿付能力

偿付能力指的是保险公司偿还债务的能力,保险公司应当具有与其风险和业务规模相适应的资本,确保偿付能力充足率不低于100%。

如果保险公司的偿付能力充足率低于100%,那么将会面临银保监会的监管和整改。但是如果保险公司的偿付能力远远超过100%也不好,偿付能力过高,说明保险公司可能存在保费收入过低的问题。因此,应该选择偿付能力在150%~500%的保险公司。但是在实际选择时,很多投资者并不知道怎么查看保险公司的偿付能力，此时，我们可以借助风险综合评级。

风险综合评级是对保险公司综合偿付能力风险水平的全面评价，按照一定的规则把保险公司分为 A、B、C、D 4 类，进而综合反映保险公司的风险管理状况。风险综合评级是监管机构对保险公司偿付能力综合风险的评价，主要通过一系列量化评价指标对操作风险、战略风险、声誉风险和流动性风险这 4 类难以量化的风险进行监测评价，再结合"偿二代"监管体系下的偿付能力充足率和风险管理能力进行评分。

查看保险公司的风险综合评级非常简单，一般在保险公司自己的官网上就能查看到。下面以阳光保险为例进行简单介绍。

案例实操

查看阳光保险的风险综合评级

进入阳光保险官网首页，如图 8-6 所示。

图 8-6　进入官网

向下滑动页面，进入页面底部，单击"公开信息披露"超链接，如图 8-7 所示。

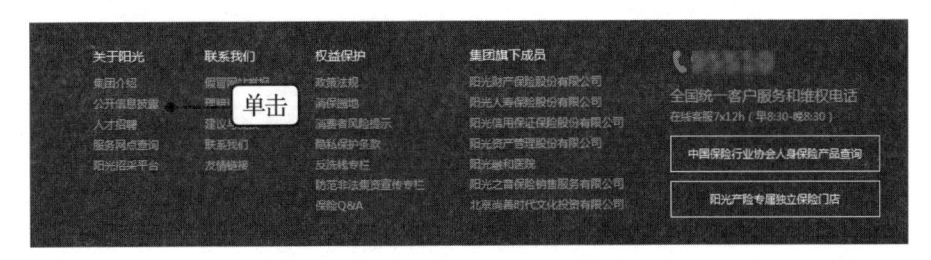

图 8-7 单击"公开信息披露"超链接

单击"阳光财产保险"右侧的下拉按钮,在展开的菜单中选择"专项信息/偿付能力"命令,如图 8-8 所示。

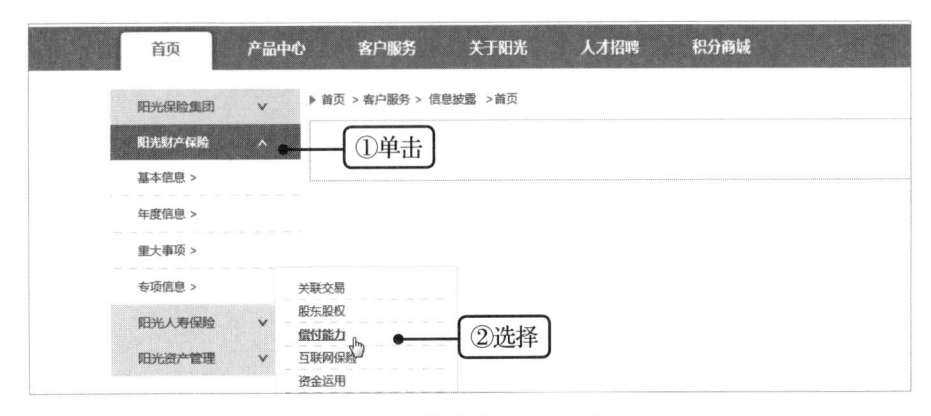

图 8-8 选择"偿付能力"命令

进入偿付能力报告列表页面,选择偿付能力季度报告即可查看该保险公司详细的偿付能力情况和风险综合评级,如图 8-9 所示。

图 8-9 选择偿付能力报告进行查看

根据银保监会的政策，按照偿付能力风险大小，保险公司被划分为四个监管类别，具体介绍如下：

- ◆ A 类：偿付能力充足率达标，且操作风险、战略风险、声誉风险和流动性风险小的公司。
- ◆ B 类：偿付能力充足率达标，且操作风险、战略风险、声誉风险和流动性风险较小的公司。
- ◆ C 类：偿付能力充足率不达标，或者虽然达标，但操作风险、战略风险、声誉风险和流动性风险中某一类或几类风险较大的公司。
- ◆ D 类：偿付能力充足率不达标，或者虽然达标，但操作风险、战略风险、声誉风险和流动性风险中某一类或几类风险严重的公司。

一般来说，A 类和 B 类公司都是令人放心的，其中 A 类是最优秀的。但对于 C 类和 D 类公司，监管机构通常会采取不同程度的监管措施，比如限制增设分支机构、限制商业性广告以及限制高管薪酬等。

如果保险公司的偿付能力长期不达标，且无法有效地解决，那么监管机构可能采取相应的监管措施，要求保险公司依法整改，追究相关股东责任，必要时启动市场退出机制以保证保险行业健康有效运行。

公司的理赔情况

虽然任何人买保险都不希望发生理赔，尤其是意外保险和医疗保险等，但是如果一旦发生意外，作为投保人最希望的就是保险公司能快速理赔。因此，理赔情况常常是投保人选择一家保险公司时所需考虑的关键指标。

其中最主要的是两项数据，即理赔时效和获赔率。理赔时效决定了投保人什么时候能够拿到赔偿，而获赔率决定了投保人能不能够拿到赔偿。如图 8-10 所示为 2019 年各保险公司的理赔年报部分内容（仅供参考）。

序号	保险公司	年度理赔总额	理赔时效	获赔率
1	中国人寿	470亿	0.56天	99.40%
2	平安人寿	338亿		
3	太平洋寿险	150亿	0.21天（小额件）	99.98%（小额件）
4	新华人寿	111亿	0.58天	
5	太平人寿	77.6亿	/	99%（小额件）
6	人保寿险	70亿	2.17天	
7	泰康养老	47亿	/	99%（小额件）
8	英大人寿	46.69亿	1.13天	
9	华夏人寿	38.9亿	1.4天	/
10	泰康人寿	/	0.26天（小额件）	
11	阳光人寿	24.01亿	0.41天（小额件）	99.71%
12	富德生命人寿	23.67亿	1.7天	99.53%（小额件）
13	中信保城	16.5亿	1.1天（小额件）	98.97%
14	建信人寿	15.84亿	2.03天	98.55%
15	天安人寿	15.3亿	1.5天	99.00%
16	泰康在线	14亿	/	99.17%
17	工银安盛	12.23亿	/	/
18	中英人寿	8.47亿	1.38天	
19	民生人寿	7.2亿	1.6天	99.04%
20	农银人寿	6.9亿	1.6天	99.00%
21	合众人寿	6.78亿	0.18天（小额件）	
22	百年人寿	6.57亿	/	99.78%（小额件）
23	大都会保险	6.2亿	1.6天	
24	前海人寿	5.5亿	1.32天	
25	光大永明人寿	5亿	/	97.00%

图 8-10 2019 年各保险公司的理赔年报

从上图可以看到，保险公司在 2019 年度的理赔支付时效平均约 2 天，即从接收到完整的理赔资料到理赔金到账的时间平均约 2 天。并且大部分保险公司的获赔率在 97% 以上，也有不少公司超过了 99%。所以投保人可以考虑选择理赔时效和获赔率数据更优秀的保险公司。

8.3.3 购买之前的理赔事项要清楚

很多人花费了很多时间去研究怎么买保险，但买完之后就不怎么上心了。实际上，理赔是保险理财中最为核心，也是直接与投保人权益挂钩的部分，如果投保人不懂理赔的相关知识，则很有可能在意外发生时无法获得理赔，白白浪费了保费。

保险不是万能的，每项保险产品都有自己针对的保险事项，投保人需要仔细研读自己的保障内容，了解保险的理赔标准。

通常保险理赔分为四类，即重疾险、寿险、意外险和医疗险，具体介绍如表 8-3 所示。

表 8-3 各类保险的理赔标准

险　种	保障内容	理赔标准
重疾险	重大疾病	确诊约定的重疾、实施约定的手术以及达到疾病约定的状态
寿险	身故或全残	疾病身故或全残、意外身故或全残
意外险	意外身故或全残、意外医疗	符合意外 4 要素，即外来的、突发的、非本意和非疾病
医疗险	意外医疗、疾病医疗	非急诊情况下，需要严格按照条款上就诊医院的限制来就诊，否则不予赔付

了解了理赔范围之后，还要了解保险的理赔流程。保险公司的理赔流程大致相同，具体如下所示：

①事情发生后及时联系保险公司，如果是大案、重案，则保险公司需要及时展开调查，否则可能会影响赔付。

②向保险公司报案后，再根据保险公司的要求提供相关的理赔资料以及纸质文件等。

③保险公司收到理赔的相关资料后随即开展资料审核工作。《中华人民共和国保险法》有明确规定：保险人收到被保险人或者受益人的赔偿或者给付保险金的请求后，应当及时作出核定；情形复杂的，应当在三十日内作出核定，但合同另有约定的除外。

④审核通过后，投保人等待保险理赔款到账即可。

8.4 了解买险套路，避免被忽悠

保险是我们转移风险的良好工具，但是在实际操作中，因为很多不良中介的忽悠，部分投保人陷入了保险陷阱中，他们不仅不能通过保险对自身起到保障作用，还可能使自己遭遇重大的经济损失。为了避免这一情况发生，投保人应该学会识别一些常见的买险套路。

8.4.1 小心保险销售的推销语言

为了促成保单，得到提成，许多保险销售人员都会在保险推销过程中使用一些推销语言，以便促成保险成交。投保人应该了解这些常见的推销语言，以便能更客观、理智地选择保险产品。

◆ 利用激将法引诱

销售人员常常会在投保人犹豫不决时，利用投保人的好胜心理，想办法刺激投保人投保，比较常见的就是告诉投保人他的朋友、邻居或者是同事等都买了这个保险。很多投保人在得到这样的信息之后，往往会冲动购买。

但是，需要知道的是每个投保人自身以及家庭的情况都不相同，投保不能参照他人的投保方式进行，应该更多地结合自身的实际情况。

◆ 声称一份保险什么项目都保障

很多销售人员在推销时声称该产品什么都可以保障，只要买了这份保险以后什么都不用担心了。面对这样的推销语言，投保人要格外小心，首先什么都保的保险产品是不存在的，投保人要有这个意识。其次，许多保险在住院、门诊、报销比例和就诊医院等方面存在各种各样的限制条件，所以不可能什么都保障。销售人员说这样的话是为了引诱投保人投保。

◆ 恐吓式推销

恐吓式推销主要是利用了投保人的恐惧心理，销售人员在对投保人推销时常常会通过设想的方式让投保人了解如果不买保险发生了疾病可能会使自己陷入无钱治病、倾家荡产的困境中，而买了保险产品则可以轻松应对该类情况，让客户产生危机感，从而完成投保。

◆ 将收益夸大

夸大收益常出现在一些理财性质的保险中，例如每月定投几百元，或者是每年缴纳几千元，连续缴费几年就可以享受每年6%的收益。这样的说法往往会让投保人瞬间心动。

但实际上，销售人员可能混淆了每年投资收益的概念与最终收益率的概念，投保人实际上可以收回的是当年所交保费的6%，作为生存金返还。而销售人员片面地将保险与银行储蓄或理财产品进行比较，夸大保险产品投资回报率，欺诈保险消费者。

8.4.2 仔细阅读保险合同，理解合同内容

保险合同是投保人与保险人约定保险权利义务关系的协议，是保险活动最基本的法律表现形式。但是，对于大部分普通投保人来说，由于缺乏专业的保险知识，很有可能陷入保险合同陷阱中。

保险合同主要包括两个部分，即基本条款和约定条款。

基本条款指根据《中华人民共和国保险法》第十八条的规定，在保险合同中设定的必备条款，具体内容如下：

- 保险人的名称和住所。
- 投保人、被保险人的姓名或名称、住所以及人身保险的受益人的姓名或名称、住所。
- 保险标的。
- 保险责任和责任免除。
- 保险期间和保险责任开始时间。
- 保险金额。
- 保险费以及支付办法。
- 保险金额赔偿或给付办法。
- 违约责任和争议处理。
- 订立合同的年、月、日。

约定条款指投保人和保险人在保险合同的法定条款之外,就保险有关的其他事项作出约定的条款。约定条款是由保险合同的性质和特点决定,并由投保人和保险人商定的条款。

投保人在阅读合同时,尤其需要注意保险责任和责任免除,它关系到投保人是否能获得理赔。

保险责任是指保险人按照合同约定,对于由可能发生的事故引起的财产损失或被保险人死亡、伤残、疾病等情况以及在达到合同约定的年龄期限时承担的赔偿或给付保险金的责任。在保险合同中,保险责任条款具体规定了保险人所承担的风险范围,保险种类不同,保险责任也不同。

责任免除即责任除外,简单来说就是保险公司在哪些情况下没有责任,不需要进行赔付。比如意外保险,对于投保人酒驾时发生的事故不赔,酒驾属于免责条款。免责条款和保险责任同样重要,投保人一定要看清楚,以免发生事故时才发现不能理赔。

此外，保险费和保险金额是两个不同的概念，不可混为一谈，投保人要在合同中明确它们的数额及意义。

保险费指投保人交给保险公司的钱，作为投保人，需要知道缴费的时间、方式与金额。如果有"保费豁免"的内容，需要仔细看，保费豁免相当于为保单再加一份保险，它指在某些特定情况下，投保人不需要再缴纳后续保费，但保险合同继续有效。比如给孩子买保险，需要交费20年，但5年后投保人因意外身故，剩下15年保费不用再交，孩子的保障继续有效。

保险金额是保险人承担赔偿或给付保险金的最高限额。简单来说，保险费是花多少钱投保，而保额是发生事故时投保人可以得到多少赔付。保障内容相同的情况下，保费和保额的杠杆比越高越好。

职场理财

第 9 章

移动手机，随时随地轻松理财

手机，现在已经成了人们日常生活中的必需品，支付、消费、娱乐以及社交都离不开手机。因此，各大金融公司相继推出自己的理财 App，以便投资者能够更加便捷地使用手机进行投资和管理操作。

9.1 支付宝不只是用于支付，更是理财好途径

对于支付宝，大家了解和使用较多的主要是它的支付功能，出门不用带钱包，一个手机就可以轻松完成支付，省去了很多麻烦。

但支付宝除了支付功能之外，还有很多其他功能，例如订美食、订外卖、看电影、打车以及订酒店等，还有一个重要的功能就是理财。作为一个专业的金融服务软件，支付宝提供了许多理财途径。

9.1.1 除了余额宝，支付宝你还知道些什么

没有真正接触理财之前许多人对理财存在误解，认为理财是一个深奥、复杂的事情，需要花费大量的时间和精力去研究。但是随着互联网的发展，理财已经非常便捷了，只需要安装相应的理财 App 就可以轻松实现。支付宝就是这样一款便捷的 App。

谈及支付宝理财，很多人脑海中会自动想到余额宝。的确，将闲钱放在余额宝中坐享收益已经成了许多人的理财习惯。但是支付宝除了余额宝之外，还有许多其他的理财工具，适合有不同理财需求的投资者。

购买理财产品之前，首先要知道支付宝中的理财产品从哪里买？理财是支付宝的重要功能，打开支付宝便可以看到。点击页面下方的"理财"按钮，进入理财页面，如图 9-1 所示。

图9-1 进入支付宝理财页面

从上图可以看到,支付宝理财页面中的理财产品非常丰富,包括余额宝、理财产品、基金、黄金、股票、尊享、帮你投、保险和相互宝等,下面我们来一一介绍。

◆ 余额宝

余额宝是一款货币基金,投资者将闲钱放进余额宝中便可以坐享收益,我们在前面内容中有介绍到,这里就不再赘述了。

◆ 理财产品

理财产品指的是定期理财。投资者买入定期理财产品,锁定一定的期限,在期限内,投资机构将募集到的资金用于投资,获得收益后,扣除管理费用,将剩余的收益按照比例给予投资者。

支付宝的定期理财产品分为两类,保险理财以及券商理财。

①保险理财产品指的是由保险公司发行、投资并管理的产品类型,受

中国银行保险监督管理委员会监管。通过前面一章的学习我们知道保险中也有具备理财功能的保险产品，支付宝的保险理财中提供的产品就是这样一些产品。

②券商理财产品是由证券公司发行、投资并管理的产品类型，受到中国证券监督管理委员会监管。

◆ 基金

在支付宝理财中也可以直接购买基金，投资者不用再另外下载安装基金交易软件。但是在支付宝中购买基金属于场外购买，即第三方平台购买，与天天基金网类似。因此，支付宝只是基金申购的一个渠道，而非专业的基金网站。

支付宝作为一个第三方购买渠道，在基金管理和信息披露方面比较全面，基本上可以满足投资者所有投资需求，下面我们以一只基金为例进行查看。

进入基金页面，选择一只基金进入基金详情页面，如图9-2所示。

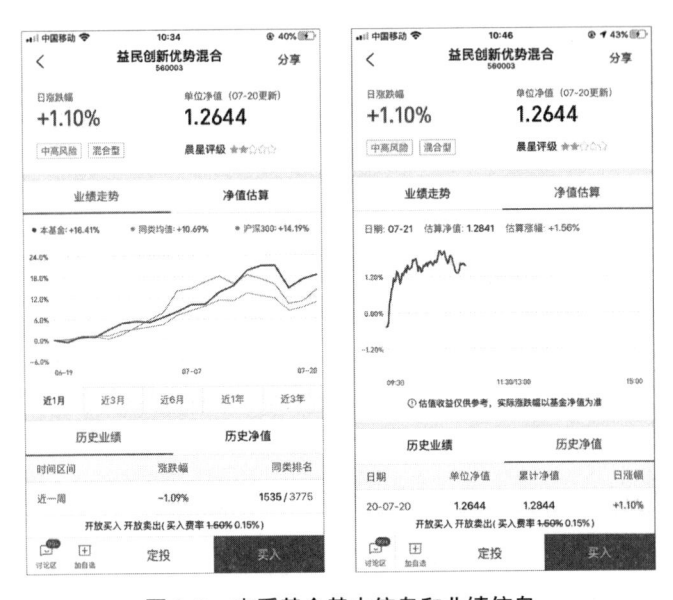

图9-2 查看基金基本信息和业绩信息

基金详情页面分为3个部分，即基金基本信息、业绩信息和档案信息。如上图所示为基金的基本信息和业绩信息，具体内容如下：

①页面最上方为基金名称和基金代码，通过基金名称投资者可以判断出基金的类型，如"益民创新优势混合"为混合型基金；通过基金代码可以快速锁定基金。

②日涨跌幅指基金前一天的收益率，图中的基金比前一天涨了1.10%。

③"中高风险混合型"指基金的类型和风险性。

④单位净值指基金的单价，即一份基金的价格。

⑤晨星评级指基金评级情况。

⑥业绩走势指基金在不同时间段内的业绩变化趋势。

⑦净值估算指基金在一天内不同时间的价格估算。

⑧历史业绩指基金在过去不同时间段内的业绩表现情况。

⑨历史净值指基金在交易日中的价格变化情况。

在页面的下方还展示了基金的产品档案内容，如图9-3所示。

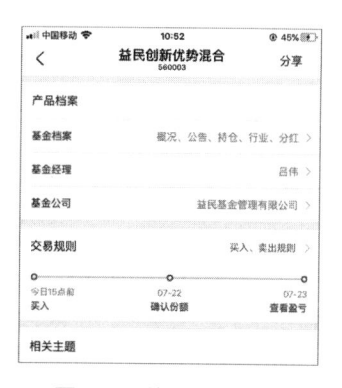

图9-3　基金产品档案

基金产品档案主要包括基金档案、基金经理、基金公司和交易规则等信息。基金档案指基金的所有概况信息，例如基金概况、公告、持仓、行业和分红等；基金经理项下包含了基金管理人的所有信息；基金公司项下包含了基金公司的相关信息；交易规则指投资者进行基金交易时的一些规则内容和时间点。

◆ 黄金

进入黄金理财页面后，即可购买黄金参与投资，黄金投资投资门槛非常低，最低1元。需要了解的是，支付宝中的黄金投资并不是真正意义上的黄金或纸黄金，而是对接黄金交易型开放式指数基金。目前，支付宝中黄金对接的黄金指数基金有3只，分别是博时黄金、华安黄金和易方达黄金。因为黄金的价格有起伏，只有低买高卖才能获利，所以适合波段性操作，而非长期性持有，属于中等风险的理财产品。

◆ 股票

目前，还不能在支付宝中的股票模块直接购买股票，只能查询股票，具体包括添加自选股票，查看其分时、日K线、周K线和月K线走势等，此外，换手率、市盈率、流通市值、新闻、公告、研报等功能一应俱全。简单来说，支付宝可以作为行情分析软件，为投资者提供最新的股票信息，暂时还不能提供交易服务。

◆ 尊享

支付宝中的尊享理财产品是支付宝中风险系数最高、投资门槛也是最高的理财产品，包括信托产品和基金专户产品，要求合格投资者的家庭金融资产不低于500万元，近3年本人年收入不低于40万元，产品起投40万元。

◆ 帮你投

帮你投是支付宝理财推出的一款新的产品，主要是针对一些没有时间或精力的有投资想法的投资者。投资者将资金交给专业的投资管理公司进行投资管理，买什么基金、买多少，都不需要投资者操心，投资者支付投资管理公司一定的管理佣金即可。

投资者进入"帮你投"页面后，支付宝会自动分析投资者的风险偏好，生成投资目标，再根据投资者的目标和风险承受能力制定适合的投资策略。

◆ 保险

保险是支付宝理财中的重要模块，它涵盖了各种各样的保险类型，例如健康险、寿险、意外险、年金险、教育险以及车险等，以便迎合各种需求的投资者。投资者购买后可以方便地在支付宝保险平台完成保单查询、理赔报案等服务操作，非常便捷。

◆ 相互宝

相互宝严格来说并不是一款理财产品，它是支付宝上的一项大病互助共济服务，加入的成员遭遇重大疾病（范围是 100 种），可享有 30 万元或 10 万元不等的保障金，费用由所有成员分摊。

综上所述，可以看到支付宝理财中的产品种类非常多，并且支付宝本身也是一个可靠的平台，接入的理财产品也正规可靠，所以投资者可以安心地自行选购。

9.1.2 目标投，想赚多少自己定

除了上面介绍的支付宝理财产品之外，在支付宝理财中还有一些比较有特色的理财产品，例如目标投。

目标投是支付宝基金投资中的一款产品，指投资者按照约定的扣款周期和扣款日，从指定的扣款渠道中扣取指定的金额，买入指定的基金。投资者可以设定目标收益率，当系统预判买入的基金产品可以达到目标收益率时，会自动帮投资者卖出持有的基金，及时锁定收益。

简单来说，目标投是一款能够帮助投资者自动止盈的投资工具，让投资者的投资理财计划更省力省心。目前，目标投中接入的基金有天弘沪深300 ETF 联接 C、天弘中证银行指数 C 等 4 只基金。

目标投操作非常便捷，通过三个步骤即可完成，分别是设置小目标→定期自动投→达标自动卖，具体操作如下。

进入基金理财页面，点击"目标投"按钮，进入目标投页面中，滑动页面中的收益光标轴设置目标收益率，点击"下一步"按钮，如图 9-4 所示。

图 9-4 设置目标收益率

进入设置定投方式页面，在页面中设置单次投入的金额、投入的时间、付款方式以及达标卖出后的操作，可以选择自动继续目标投，也可以暂停目标投，选中"同意《目标投用户服务协议》《基金定投协议》"单选按钮，再点击"立即开启"按钮，如 9-5 左图所示。

进入支付页面，在页面中输入支付密码并点击"确定"按钮即可，如 9-5 右图所示。另外，风险测评结果显示风险承受力较低的投资者，页面会出现风险提示，确认需要投资的投资者继续操作即可。

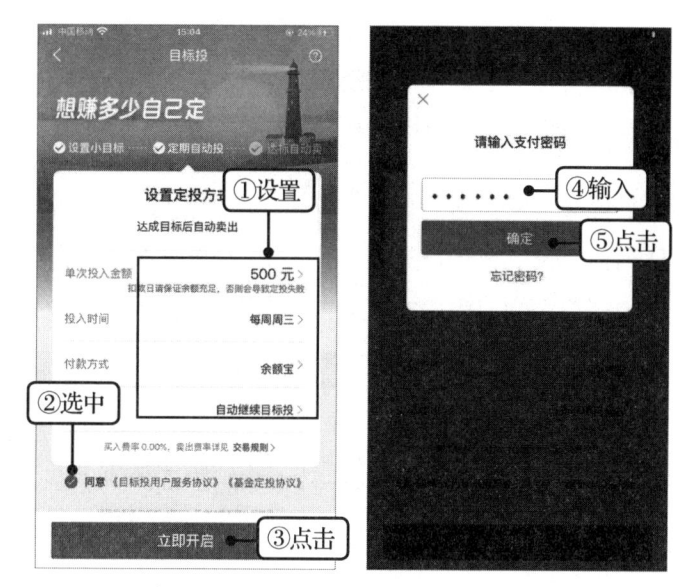

图 9-5　购入目标投

从上述操作过程可以感受到，目标投与基金定投类似，都是投资者提前设置定投金额、时间以及扣款方式，系统自动进行投资和管理。实际上，目标投是在定投的基础上增加了止盈点，相比定投，其可控性更强。投资者想赚多少，自己提前锁定收益率即可。

9.1.3　指数红绿灯，找准买卖好时机

每一个投资者投资时都希望能够低买高卖，赚取收益，但是并不是所有的投资者都能准确找准买卖时机，尤其是新手投资者，更是难以精准找到买卖点。对此，支付宝基金理财中推出了指数红绿灯功能，可以帮助投资者解决这一难题。

指数红绿灯是一种基于指数估值筛选指数基金的方法，帮助投资者理

解指数的投资价值。指数被低估时买入基金，能够更大概率获得收益，同样的，下跌概率及空间相对更少。同时，在低估值筛选基础上考虑指数盈利能力，剔除盈利能力长期弱势的指数。相关指数进入低估区或高估区时，指数红绿灯就会发出提醒，让投资者抓住买卖机会。

那么指数估值是如何得来的呢？指数红绿灯主要运用指数的 PE 方式来衡量指数估值高低情况。单一指数的 PE 计算为其成分股的总市值除以成分股近一年的归属母公司的净利润。其中，金融类行业使用 PB 方式来衡量指数估值的高低情况，单一指数的 PB 计算为其成分股总市值除以成分股近一年的归属母公司股东的权益。相关指数的成分股及股票的业绩快报、年报以及市值规模数据来源于聚源，经计算整理形成相关指数估值。

图 9-6 所示为指数红绿灯功能。

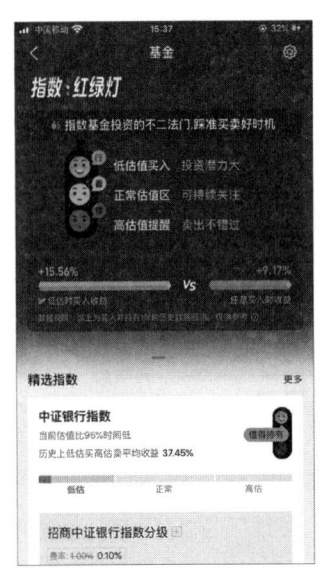

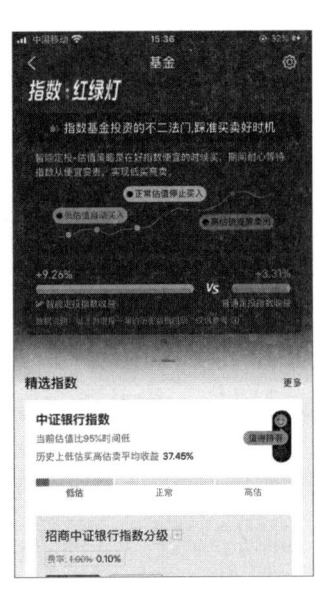

图 9-6 指数红绿灯

根据指数红绿灯的指引，投资者就能快速判断哪些指数处于低估区，哪些处于高估区，然后选择对应的区间进行买卖操作即可。

9.2 依附微信而生的理财通

微信也是重要的理财软件,微信上线后受到了广大用户的喜爱,为了给用户提供多样化的理财服务,微信推出了理财通功能。

对于许多用户来说,一天中打开频率最高的软件就是微信了,生活、工作、娱乐及社交,微信涉及用户的方方面面。在这样的条件下,微信理财通很容易受到大众的青睐,成为一款受欢迎的理财软件。

9.2.1 腾讯官方理财平台理财通

微信理财通是腾讯官方理财平台,也是一个代销理财产品的入口,其中包含了各种各样的理财产品。正是因为有了腾讯微信的背景,微信理财通在同类理财软件中优势更加突出,具体包括以下几个方面:

①便捷性强,用户通过微信便可以直接进行投资理财操作,方便快捷。

②有腾讯的背景,微信理财通的安全性更强,投资者支付、投资以及兑付都有保障,投资更安全。

③理财通上所有的产品,投资者都可以看到产品管理人、托管机构甚至是投资标的,更透明、安全。

理财通的产品主要包括五大类型,具体介绍如下:

- ◆ **货币基金**:货币基金是一种可随时申购赎回的基金产品,投资范围主要包括银行定期存单、国债、央行票据、商业票据以及信用等级较高的企业债券等短期有价证券,投资组合平均期限为120天,其风险和预期收益低于股票型、混合型和债券型基金。
- ◆ **定期理财**：定期理财产品是一种有固定投资期限的基金产品，通过定期来减少流动性，换取相比货币基金更高的收益，到期方能赎回。属于低风险产品，其预期风险水平高于货币基金，低于混合型基金、股票型基金和普通债券型基金。
- ◆ **保险理财**：保险理财产品是由保险公司发行，受银保监会监管的投资理财产品，类别包括万能险、投连险、分红险以及养老保障产品等多种保险产品。
- ◆ **指数基金**：指数基金是指由基金公司运作，以特定的某个指数为跟踪对象的基金产品，通常是"指数涨基金涨，指数跌基金跌"。
- ◆ **股票**：微信理财通接入了股票业务，投资者可以通过理财通完成开户，也可以登录已有的股票账户进行买卖股票操作。但是目前理财通仅支持沪深股票交易，对于其他类型的股票，仅提供搜索、行情查询与资讯阅读支持。另外，微信理财里股票开户仅支持在招商证券和华林证券两大券商开户，投资者提供银行借记卡、二代身份证即可在线开户。

从微信理财通的理财产品可以看出，货币基金主要针对保守型投资者，基金、保险和券商产品主要针对稳健型投资者，股票和指数基金则针对积极型投资者。从整体角度来看，微信理财通以稳健型产品为主，吸引投资者投资。

9.2.2 理财通中的稳健理财和进阶理财产品

微信理财通将理财产品根据其投资风险的高低划分成了两个部分，即稳健理财产品和进阶理财产品。

（1）稳健理财产品

根据名称可以理解稳健理财产品，即风险相对较低的、比较稳健的理财产品。稳健理财的关键在于"稳""健"二字，稳指的是产品比较稳定，波动变化幅度较小；健指的是产品的长期投资业绩，与短期爆发式增长不同，稳健型的产品主要通过长时间复利来实现增值回报。

为了使投资者找寻到更适合自己的理财产品，对于稳健理财中的理财产品，在理财通中也进行了进一步的划分，分为"稳健入门产品"和"稳中求进产品"。稳健入门产品是针对风险承受能力较低的，有一定收益即可的投资者；稳中求进产品的投资策略则更加丰富，收益随标的波动，长期持有收益更高，针对风险承受能力相对较高，追求更多收益的投资者。图 9-7 所示为稳健入门产品"和"稳中求进产品"。

图 9-7 "稳健入门产品"和"稳中求进产品"

（2）进阶理财产品

进阶理财针对的是风险承受能力更高，同时对预期收益要求更高的投资者。因为进阶理财产品的投资风险较高，短期波动可能会较大，所以对投资者的风险承受能力有一定的要求，只有具备一定风险承受能力且打算长期持有的投资者比较适合。

为了进一步区分投资者的投资风格，让投资者找寻到适合自己的投资产品，进阶理财专区也对理财产品做了划分，分为"进阶入门产品"和"长跑优选产品"。

进阶入门产品主要是投资于债券等风险较低的品种，部分产品还会增加一些其他的投资品种，例如可转债、股票等，在控制风险的前提下，追求更高的收益；长跑优选产品则大部分投资股票市场，与市场共同成长或争取超过大盘，风险更高，但相应的收益也更高。图9-8所示为"进阶入门产品"和"长跑优选产品"。

图9-8 "进阶入门产品"和"长跑优选产品"

区分为稳健理财产品和进阶理财产品是微信理财通产品的特色，这使投资者能够更轻松快捷地找寻到适合自己的理财产品，也能快速了解理财产品的特点。

9.2.3 理财通"余额+"便捷好用

"余额+"是投资者在理财通中存放效货币基金（零钱通和零钱理财除外）的账户，可以通过"余额+"中的资金购买其他理财产品，与支付宝中的余额宝类似，具体来看包括四个方面的优势：

①享受收益，"余额+"是一款货币基金，投资者在买入"余额+"时会被要求选择一只货币基金，既然是基金投资，自然享受基金投资收益。

②可支付性，"余额+"具备可支付的特性，投资者可以直接通过"余额+"购买理财通中的理财产品，不受银行卡支付限额的影响。

③灵活性强，转入"余额+"的资金非常灵活，可随取随转。转出资金分为两类，即普通转出和快速转出，快速转出有额度限制，资金最快 5 分钟到账，当天无收益。普通转出则没有转出额度限制，交易日 15:00 之前操作，下一交易日 24:00 之前到账，且普通转出比快速转出多至少 1 天的收益。

④使用范围广泛，"余额+"中的资金使用范围非常广泛，除了用于购买理财通中的理财产品之外，还可以在还信用卡、还贷款以及充话费等更多的场景下使用。进入"余额+"页面，点击"还款充值"按钮，即可看到相关使用场景，如图 9-9 所示。

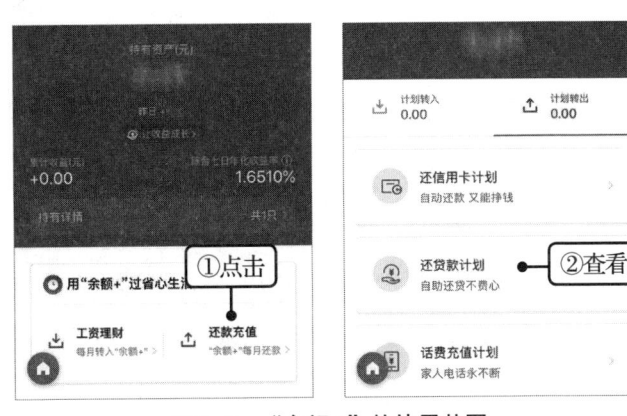

图 9-9 "余额+"的使用范围

通过对"余额+"的介绍，我们可以看到微信理财通中的"余额+"与前面介绍的微信零钱通类似，都是买入货币基金，使闲钱增值，如图9-10所示。

图 9-10　零钱通与"余额+"

那么两者有什么区别呢？我们可以对比看看二者的功能，具体内容如下：

◆ 余额+

资金存入"余额+"如同购买了货币基金，可以用来买入理财通平台上的其他理财产品，如定期、股票、基金以及黄金等，还可以还信用卡和还房贷等。

◆ 零钱通

转入零钱通中的资金等于买入货币基金，可以用来转账、发红包、还信用卡以及消费支付。但是，零钱通的资金无法买理财通上的产品，也就是说零钱通中的资金只能在零钱通上购买3家货币基金产品。简单来说，零钱通的本质就是微信零钱的升级,它在原有零钱支付的功能上增加了活期收益。

因此,微信零钱通适合存放闲置资金,一方面可以轻松用于支付消费,另一方面也可以得到活期收益。而"余额+"对于热衷投资理财的投资者来说更便捷,一方面自身可以享受收益,另一方面可以用于投资理财。

9.3 其他热门的手机理财软件

除了前面介绍到的支付宝、微信两大巨头之外,国内还有很多大型的互联网网站都推出了自己的理财产品和理财 App,一方面吸引了更多消费者类型,另一方面也满足了消费者多样化的需求。

9.3.1 百度打造度小满理财

度小满理财源于百度互联网金融业务,2015 年百度整合旗下互联网金融业务正式成立百度金融服务事业群组。2018 年,百度金融正式启用全新品牌"度小满金融"。

度小满金融包括两个部分,即有钱花和度小满理财,有钱花是度小满金融(原百度金融)旗下的信贷服务品牌(原名:百度有钱花,2018 年 6 月更名为"有钱花")。

度小满理财是度小满金融(原百度理财)旗下的专业化理财平台,提供银行存款产品、养老保障产品、公募基金以及券商集合资管计划等多元化理财产品。这些理财产品都是正规金融机构发行的，度小满理财只是信息展示平台，并且在信息透明、风险提示等方面也是符合各项法规和监管要求的。

度小满理财有自己专门的 App，如图 9-11 所示。

图 9-11　度小满理财 App

从上图可以看到，度小满理财平台主要以稳健型理财产品为主，提供了基金、保险、银行存款类产品以及券商类的理财产品。度小满理财平台通过对当前的金融市场做精准的分析，选出优质的投资理财产品，并通过引入先进的人工智能技术，针对不同类型用户的需求提供个性化的投资理财服务，满足不同用户的实际投资需求。

另外，使用度小满理财非常简单，投资者不用另外注册账号，只用登录自己的百度账号即可进入度小满理财进行投资买卖操作，省去了注册的麻烦。

在度小满理财首页点击"登录"按钮,进入登录页面,页面显示百度LOGO,在文本框中输入百度账号,点击"下一步"按钮即可,如图9-12所示。

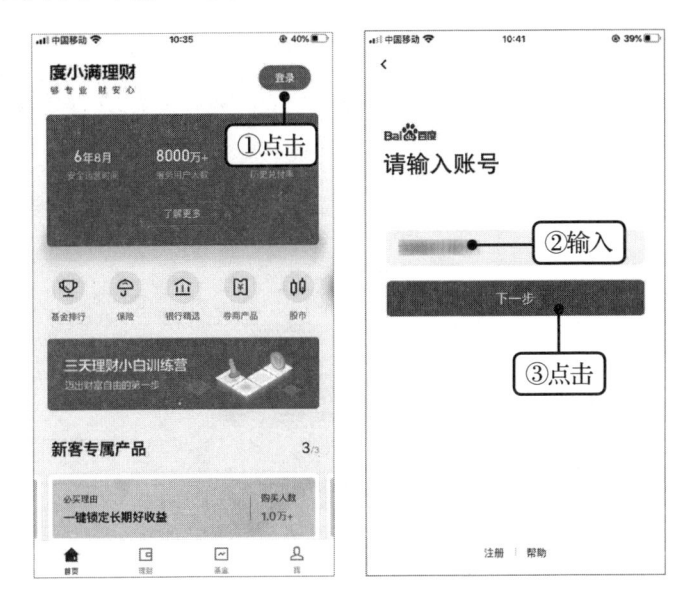

图9-12 百度账号登录

9.3.2 京东旗下京东金融

京东金融是京东数字科技集团旗下专注于金融科技服务的重要业务品牌,它诞生于京东集团内部,2013年10月开始独立运营。

针对个人金融领域,京东金融以"京东金融App"作为载体,通过独有的大数据技术及人工智能风控能力,联合400多家银行、120余家保险公司以及110余家基金公司,为广大投资者提供了各类理财产品。

京东金融主要包括3个模块,即财富、信用和生活。财富是京东金融中的理财模块,投资者可以在财富模块实现理财投资操作;信用是京东金融中的信贷服务模块,可以为用户提供各类信贷服务;生活则是生活服务类模块，为用户提供了各类生活便捷服务，例如生活缴费、信用卡还款、订票以及车主服务等。

投资者理财主要接触的是财富模块，如图9-13所示。

图9-13　京东金融财富

京东金融上的理财产品与其他理财App上的产品类似，也包含了基金、保险、定期和黄金等。其中比较值得一提的特色功能是"京东二金"，"京东二金"指的是小金库和小金卡。

小金库是基于京东账户体系的承载体——网银钱包推出的，目的在于整合京东用户的购物付款、资金管理、消费信贷和投资理财需求。实际上很好理解，小金库与支付宝中的余额宝类似。

投资者将资金转入"小金库"之后，相当于购买了一款货币基金产品，自身享受活期收益，同时"小金库"里的资金也随时可以在京东金融中进行消费使用，例如还信用卡、生活缴费以及理财等。

图9-14所示为京东金融的小金库。

图 9-14 京东小金库

京东小金卡是由京东金融和浦发银行、民生银行以及中信银行共同推出的国内首张具备"互联网基因"的借记卡，可以为持卡人提供储蓄、理财和消费等一体化金融服务。

实际上，小金卡就是一种理财储蓄卡，它与传统的银行借记卡不同，小金卡是一张会自动理财的储蓄卡。当小金卡活期账户中的资金超过 1 000 元时，每日凌晨资金会自动转入到京东小金库账户，享受货币基金收益。但是当用户使用小金卡发现其中的钱不够时，小金卡则会自动从小金库中转出资金付款，避免了线下支付及提现时卡内资金不够的情况。

通过上述介绍，我们可以总结得出小金卡的功能主要包含以下三点：

①自动转入小金库，享受货币基金收益。

②与传统借记卡功能相同，支持快捷支付、境内 POS 消费以及境内 ATM 取款交易等。

③不用人工操作即可实现账户资金在银行活期账户与京东"小金库账户"之间的灵活调配，满足了持卡人对账户资金的流动性需求。

小金卡的办理非常便捷，进入小金卡页面点击"申请办卡"按钮，进行线上申请，如图9-15所示。

图9-15 申请小金卡

系统收到办卡申请后，会在3～4个工作日内邮寄卡片给申请人，然后申请人前往任一网点进行面签即可安全用卡。

9.3.3 理财一站式服务平台——苏宁金融

苏宁金融是苏宁旗下的一个专业的金融平台，内容丰富，服务专业，为投资者提供了一站式的投资服务，业务包含活期理财、定期理财以及股权投资等多种类型，并依托独特的金融O2O模式，以及定期转入、自动预约和提前变现等服务，满足客户的个性化理财需求。

图 9-16 所示为苏宁金融 App。

图 9-16　苏宁金融

从图中可以看到，苏宁金融也囊括了理财和借贷两大模块，在理财模块投资者可以实现投资理财的买卖操作；在借贷模块中投资者可以享受资金借贷服务。苏宁金融理财中的产品与其他理财 App 中的产品类似，也包括了基金、定期、黄金、股票和保险等。

在苏宁金融中比较有特色的一个功能是 2020 年 7 月上线的"财顾"，它的作用在于成为投资者的专业投资理财顾问，为投资者的投资理财出谋划策。

开启财顾功能，首先进入的是关注页面，投资者可以根据页面提示关注一些行业大 V、理财公众号或者一些财富顾问，然后就能在该页面查看关注者发布的一些行业动态信息。

图 9-17 所示为苏宁金融／财顾／关注页面。

图9-17 苏宁金融财顾关注页面

除了关注之外，苏宁金融还提供各类金融讯息栏目，投资者选择不同的栏目可以查看到对应的理财讯息，为投资决策提供依据，具体内容如下：

◆ **推荐**：推荐栏目中主要包含了国内权威财经媒体关于宏观经济、行业发展的相关报道；专业的分析帖子，苏宁金融整合了第三方的研报数据库，囊括了国内几乎所有券商和基金公司的分析报告；市场热点，是苏宁金融基于各个资讯平台的聚合指数综合人工判断，为用户筛选的每日市场热点，并提供关于当前热点的分析文章。

◆ **快讯**：做投资理财的都知道，市场中的信息瞬息万变，而往往一个小的变化，就会引发市场剧烈的变动。为此，苏宁金融提供了快讯栏目，从各个权威渠道抓取实时更新的市场动态，让投资者及时获取第一手信息，第一时间掌握市场变化。

◆ **财富学院**：财富学院是苏宁金融集中内部的投研、运营和理财顾问并联合外部的合作伙伴共同推出的一个视频栏目。在这个栏目中，苏宁金融设计了5个项目，分别是理财、基金、股票、保险和黄金，分别邀请熟悉各类投资业务的财富管理专家，为投资者分享投资秘籍。图9-18所示为财富学院页面。

图9-18　财富学院页面

- ◆ **股票**：股票栏目包含了股票投资市场中的各类信息。
- ◆ **基金**：基金栏目包含了基金投资市场中的各类信息。
- ◆ **黄金**：黄金栏目包含了黄金投资市场中的各类信息。
- ◆ **保险**：保险栏目包含了保险投资市场中的各类信息。

除了上述的投资理财讯息之外，在页面的上方还设置了"帮你投""每日估值""行业大V""股市行情"及"问答广场"等按钮，分别对应了不同的功能，具体如下：

①"帮你投"将投资者的理财需求分为三类，即活钱理财、稳健理财和长期投资。然后针对每一类需求，苏宁金融提供了解决方案和跟踪服务，

让投资者的投资理财更安心、省心。

②"每日估值"是针对想要做基金定投的投资者，苏宁金融对市场中200多个已发行指数基金的指数进行了分析，筛选出了20多个适合根据估值进行定投的指数，打造了"每日估值"这个服务，以便投资者的定投更精准、更方便。

③在"行业大V"这个版块，苏宁金融邀请了经济学家、行业理财大V博主，在为投资者提供精心打磨的基金组合的同时，也为投资者答疑解惑分享市场观点。

④"股市行情"主要是向投资者展示股票投资市场的一些行情讯息，还可以帮助投资者完成在线开户和交易。

⑤"问答广场"是一个投资者们交流、分享的圈子，投资者自己可以为他人解答疑惑，也可以向其他投资者提问，分享经验。

可以看到，财顾模块中为投资者提供了各式各样的投资理财服务，包含了丰富的优质理财投资内容，为投资者投资理财提供了更多的便捷。